湖北非物质文化遗产传承人口述志

国家非遗传承人研究丛书

主编　孙正国　叶洪光

孙正国　胡玉青　编著

湖北省公益学术著作出版专项资金
Hubei Special Funds for Academic and Public-interest Publications

長江出版傳媒
湖北教育出版社

图书在版编目（CIP）数据

湖北非物质文化遗产传承人口述志 / 孙正国，胡玉青编著. -- 武汉 : 湖北教育出版社，2023.11
ISBN 978-7-5564-5633-8

Ⅰ. ①湖… Ⅱ. ①孙… ②胡… Ⅲ. ①非物质文化遗产—民间艺人—访问记—湖北—现代 Ⅳ. ①K825.7

中国国家版本馆CIP数据核字(2023)第203715号

湖北非物质文化遗产传承人口述志

HUBEI FEIWUZHI WENHUAYICHAN CHUANCHENGREN KOUSHUZHI

出 品 人　方　平
责任编辑　刘　宁　　　责任校对　李庆华
封面设计　李　枫　何亦明　　　责任督印　刘牧原

出版发行　长江出版传媒　430070　武汉市雄楚大道 268 号
　　　　　湖北教育出版社　430070　武汉市雄楚大道 268 号
经　　销　新　华　书　店
网　　址　http://www.hbedup.com
印　　刷　湖北新华印务有限公司
地　　址　武汉市硚口区长风路 31 号
开　　本　880mm×1230mm　1/32
印　　张　8.75
字　　数　400 千字
版　　次　2023 年 11 月第 1 版
印　　次　2023 年 11 月第 1 次印刷
书　　号　ISBN 978-7-5564-5633-8
定　　价　48.00 元

目　录

序………………………………………………………………………… 1
绪论……………………………………………………………………… 1
专题一　民间文学类非遗个体传承人口述志……………… 14
　一、刘德方口述志……………………………………………… 15
　　（一）“故事”人生 …………………………………………… 16
　　（二）讲故事的艺术 ………………………………………… 22
　　（三）下堡坪民间故事的传承现状与问题 ……………… 23
　　（四）刘德方对下堡坪故事传承的贡献 ………………… 26
　二、刘为芬口述志……………………………………………… 36
　　（一）坎坷成长路 …………………………………………… 37
　　（二）最重要的人生事件 …………………………………… 50
　　（三）朴实和谐的婚姻……………………………………… 55
　　（四）民间故事传承特点 …………………………………… 56
专题二　传统美术类非遗个体传承人口述志……………… 61
　一、马又甫口述志……………………………………………… 63
　　（一）口述生活史 …………………………………………… 64
　　（二）剪纸这件事儿………………………………………… 78
　　（三）侧访记录 ……………………………………………… 88

二、高培坤口述志…………………………………………103
（一）生活史…………………………………………103
（二）艺术史…………………………………………109
（三）纸上雕花………………………………………116
三、刘锦荣口述志…………………………………………134
（一）家庭传承与学校习艺…………………………135
（二）家庭生活………………………………………139
（三）工作经历………………………………………142
（四）剪纸技艺………………………………………146
（五）走出国门………………………………………154
专题三　湖北非遗群体传承人口述志…………………168
一、伍家沟故事村传承人群体口述志……………………170
（一）普通的农民、地道的故事王：罗成双口述志…171
（二）谈天说地，演绎人生精彩：罗成礼口述志……183
（三）心系故事，灵魂复归：葛元起口述志…………197
二、大屋雷中秋祭月习俗传承人口述志…………………217
（一）雷顺祥口述志…………………………………219
（二）雷声然口述志…………………………………229
（三）雷世举口述志…………………………………231
结语…………………………………………………………241
乡贤文化视角下非遗传承人的多维谱系……………241
一、非遗传承人的文化担当与乡贤品格…………………242

二、非遗传承人的多维主体谱系…………………………247
三、非遗传承人的文化表达与“新乡贤”使命…………255
附录………………………………………………………… 261
湖北省国家级非物质文化遗产代表性传承人
信息表（102 人）………………………………………… 261
后记………………………………………………………… 267

序

刘守华

从 2005 年开始，国家开启了非物质文化遗产保护的巨大文化工程，已取得从倡导立法到构建制度、再到实施保护的一系列重要成果，成为中国特色社会主义文化建设的一项辉煌成就，也是推进中华民族伟大复兴的显著标志之一。

所谓“非物质文化遗产”（非遗），其实它的主体就是我们平时所讲的民间传统文化。中国幅员辽阔，历史悠久，民族众多，拥有丰饶优美的民间文化遗产。在五四新文化运动的推动下，北京大学成立歌谣研究会，出版《歌谣周刊》，兴起现代民俗学和民间文艺学。20 世纪 40 年代，毛泽东发表《在延安文艺座谈会上的讲话》，倡导革命文艺家学习民众喜闻乐见的民间文艺以补益新文艺创作。新中国成立后，中国民间文艺研究会率先在首都北京组建，致力于中国各族民间文艺的采录研究，成效卓著。跨入改革开放的历史新时期以后，国家文化部门又组织编纂出版民族民间文艺集成共计 400 卷，被誉为构筑中国新时代的“文化长城”。但由于社会的急剧转型，经济生活全球化的影响以及外来文化的冲击，民间传统文化的生存状态处于风雨飘摇之中。于是，以著名作家冯骥才为代表的一批文化人，忧心如焚地于2002年向社会发出了抢救民间文化遗产的呼吁，文化部积极回应，2002年初启动中国民间文化遗产抢救工程。联合国教科文组织2003年主持制定了一项《保护非物质文化遗产公约》，中国政府2004年签字加入这一公约，并于2005年由国务院发布在全国强力推行保护非物质文化遗产工程的重要通知，于是一股既有深厚根基、又富于新时代特色的文化热潮就奔涌向前了。

对这一文化工程的重要意义，时任文化部部长的孙家正于2005年6月在一次会议上作了完整而深入的阐述。他说："保护好非物质文化遗产，关系文化血脉的传承，关系精神家园的维护，关系先进文化的建设，是全面继承和深刻弘扬中华传统文化，坚定维护人类文化多样性、捍卫中华文化主权的客观需要；也是全面深入落实科学发展观、切实构建和谐社会、努力建设社会主义先进文化的重要体现。""不仅是国家和民族发展的需要，也是国际社会文明对话和人类社会可持续发展的必然要求。"

尤其是党的十八大以来，在习近平新时代中国特色社会主义思想指导下，全国推进中华优秀传统文化的传承与保护工作。习近平总书记还在"中国传统制茶技艺及其相关习俗"被列入联合国教科文组织人类非物质文化遗产代表作名录之后，做出重要指示强调，要扎实做好非物质文化遗产的系统性保护，更好满足人民日益增长的精神文化需求，推进文化自信自强。因此，高度重视包括非物质文化遗产在内的中华优秀传统文化，加强研究，推进传承，是新时代国家文化建设的重要内容。

华中师范大学从 20 世纪 50 年代开始，就紧跟北京师范大学钟敬文教授的学术团队，勤奋执着地建设中国民间文学专业，成为全国少数几个有民间文学专业博士点的高校之一，曾荣获湖北省人民政府高校教学改革特等奖。2006 年，华中师范大学率先在全国建设非物质文化遗产研究中心，在校内培育民间文艺学专业人才，积极主动参与湖北省暨武汉市非遗普查评审与保护的社会实践活动，曾于 2007 年被推选为全国非遗保护工作的先进集体，为当年度全国唯一一所入选高校。民间文学也成为华中师范大学中国语言文学这个一流学科中的特色专业。由国家出版基金资助，2020—2021 年出版的《刘守华故事学文集》10 卷本计 400 余万字，就是该专业的代表性学术成果。

在我国创建的非遗保护制度中，分层级建立非遗代表性项目名录及其传承人名录，使它们得到活态保护、传承发展，是行之有效的关键措施。正是按照这一思路，华中师范大学民间文学专业的师生，积极投身于以民间文学、民间艺术为主的省市非遗代表性项目之中，参与普查、采录、研究、评审及合理利用，将课堂教学与社会实践紧密结合。列入湖北省及全国非遗名录的 20 多项代表性项目，均凝聚着以刘守华、陈建宪、黄永林、孙正国、张静等多位师生的田野工作业绩，受到广泛好评。当下编辑出版的“非遗传承人口述志系列丛书”就是我们在这方面所获得的新近成果的集中展现。

这里还需特地申述有关非遗传承人的学术内涵与文化价值。非物质文化遗产各个类别的不同项目，均有具体传承人，现今已成为社会通识。如民间故事的著名传承人全国就超过 9900 人。然而在 21 世纪之初，“非物质文化遗产”及“传承人”，在中国均属从外来语转译而来的陌生概念。其成因还不在于学苑中尚未流行，而是民俗学、民间文艺学发展的滞后，相关学者出于对民间口头文学和民间艺术、民俗事象的创造演化的主体，均以“集体性”概略视之，对其间的个人创造、个性特征则漠然置之，于是相沿成习了。以民间故事为例，据学者考证，在国际上，“第一个注意到活生生的人，故事的讲述者”的，是 19 世纪 70 年代末俄罗斯的故事搜集家萨多夫尼科夫，“他几乎在每篇文本都要注明讲述者是谁，这一看似细小的情况意味着一种新的原则转向”（贾放《普罗普的故事诗学》，148 页）。十月革命后，俄罗斯出现了一大批以那些优秀讲述人为对象的专题故事集。日本学者受其影响，对故事传承人的研究成效显著。中国进入改革开放的历史新时期后，对故事传承人的关注与研究很快也蔚然成风，乌丙安先生 1983 年

3月在《民间文学论集》上发表《论民间故事传承人》的长篇论文，认为“抢救民间故事遗产的关键在于抢救贮存故事的民间故事传承人”，并介绍了上海文艺出版社出版朝鲜族女故事家金德顺口述故事集的成功范例。笔者将此文带回湖北省民间文艺家协会，积极支持王作栋采录刘德培故事出版故事集《新笑府》，随后又促成了孙家香和刘德方两位故事家口述故事集的问世。正如《大英百科全书》的民间文学条目所指出的：“对于民间故事，一个收获比较大的方法是研究讲故事的人和他们的听众，用这种研究方法能够使人了解民间口头文学是怎样在口头传统上流传下去的。”不但民间故事如此，其他林林总总的非物质文化遗产项目，它们的创造和在流传过程中的不断衍变日趋完美精致，无不是凝聚一个个活生生的传承人心智的结果。抹杀这些传承人的个性创造，将民间文艺的集体性视为泥沙的简单混合，不但是背离实际的浅陋之见，也是轻视人民大众精神文化创造力的传统偏见的遗留。

华中师范大学民间文学专业的田野作业多年来一直以非物质文化遗产传承人为主攻方向，既为地方非遗保护工作贡献出自己的才能，也促使师生从鲜活的民间文艺传承实践活动中吸取真知，丰富了学术素养。这一活动曾得到华中师范大学文学院领导和相关地方文化部门的大力支持，更受到相关传承人的积极配合。现将非遗传承人口述志整理出版，相信它们会如同一颗颗宝石那样闪光耀眼，列入新时代中国特色社会主义文化宝库中为人们所珍爱。

于武汉桂子山

2022 年 1 月 10 日

绪　论

非物质文化遗产传承人，都是文化精英，他们掌握民俗文化的水准，是普通的民众无法达到的。无论是表演，还是手工技艺，他们个个身怀绝技，都是才艺高人。[1]

——田兆元

非物质文化遗产保护，作为一种制度，在我国实施还不到20年的时间。2021年8月，中共中央办公厅、国务院办公厅印发了《关于进一步加强非物质文化遗产保护工作的意见》（以下简称《意见》），这是继非遗名录保护制度和《中华人民共和国非物质文化遗产法》等重大制度、法律颁布实施以来的国家非遗重要文献，意义非凡，引发了全社会的关注与讨论。《意见》中的一个关键表述是完善对传承人的记录体系，结合我国非遗保护的经验与教训来讨论，非遗传承人口述志可能是未来一段时间非遗保护工作的重中之重。

---

① 田兆元：《民俗本质的重估与民俗学家的责任——一种立足于文化精华立场的表述》，《山东社会科学》2011年第5期。

一

非遗传承人的关注与研究，还远远不够。而他们的声音与智慧，却已在加速远去。

我们有幸在一个好的时代里遇见他们。他们也正好在国家非遗保护制度中得到前所未有的认可。这也许就是相遇的本义，我们一同见证好的时代，又以口述志方式彼此信任，让非遗的“人”的价值得以自明。

那么，我们遇见非遗，真的就遇见了非遗传承人吗？这可能就是当下非遗保护工作的根本问题了。从有形文化遗产到无形文化遗产，从物质文化遗产到非物质文化遗产，半个多世纪以来，世界范围内的有识之士都在寻找“有形”中的“无形”、“物质”中的“非物质”。大家从历史遗存下来的“有形”的“物质”中，似乎看到了遥远的时代和那些时代中的“人”，而那些“人”模糊不清却令人魂牵梦绕。那些“人”是从前的人，也是我们的来源。他们创造“有形”的“物质”是为了什么？这些“有形”的“物质”是以什么方式创造出来的？他们又是以什么态度来认知和接受之前的“有形”的“物质”的？非遗究竟是什么呢？

非遗的本质是“人”，人的智慧与人的历史。

也可以说，认识非遗的前提是认识非遗传承人。

现在的一个误区是强调非遗的“物”，即便认识传承人，也是以认识传承人的“物”为前提。很多讨论还把历史的“物”纳入其中，以至于非遗失其根本，在“物”的观念中一步一步陷入“非常遗憾”的迷惘之中。

在此，我们重申，回到“人”的意义上来。唯其如此，才可能理解非遗，才可能不被市场绑架、不为当代生活所淹没。因为传承人还在当代前行，他们形成了两个互为交错的“时间轴”：遗产时间与生活时间。遗产时间确立了传承人的遗产继承者的合法身份，生活时间确立了传承人的当代生活经验。双重时间轴正是传承人的文化特性，记录历史而又面向当下。历史维度的非遗显示了“人”的离场，当代维度的非遗则透视了“人”的出场。离场与出场之间，“人”这一要素成为非遗的本质。有鉴于此，我们把非遗理解为“人”的形态，而不是“物”的形态。

这也是口述志对非遗传承人研究的方法论逻辑。

基于非遗传承人的实体，我们先要说清楚非遗的“人”的本质。非遗传承人的“人”已在现实中，有血有肉，有思想有情感，是民俗生活中的客观对象。而非遗的本质的“人”，是抽象的思辨的人，是在创造与传承、发展与创新、交往与对话中以非遗来体现主体价值的那个“灵魂”，高高在上地与自然、社会、个体产生复杂关系的那种“智慧”，无所不在地表达着人的独特意义与思想观念的“文化精华”。“人”的本质不是别的，正是非遗得以存在的那个目的，那份愿望，以及那些知识积累形成的创造力。而且这个“人”的内部有着丰富的结构与多样的形态，多样性成为非遗的“人”的总体品格。

同时，作为非遗本质的“人”的价值，还在于其可持续发展能力。如果把非遗传承看作历史之河，那么，我们就会发现有些河流亘古长流，而有些河流则已枯竭，只剩下依稀可见的河床，象征着曾经辉煌的汇聚之力。可持续发展能力也就成为非遗的“人”的第二品格。

以上述品格为前提，非遗的“人”还蕴含着强大的创造力。这种力量称得上人类的伟大力量，是真正的人类的生命力，是促进文化多样性的包容力，是积聚能量前行的忍耐力与可持续力。

所以，我们把非遗本质的“人”列入历史学范畴，以生命的传承方式来凸显“人”的意义，或者说，以“人”的智慧与能量来标识非遗，使其远离“物”的界定和框范。与此同时，非遗传承人的“人”是具象而能动的现实形态，实体性存在超越了非遗的遗产属性，活生生地绽放着生命之花，充满力量，富于情感，为非遗的当代实践提供了生活路径。非遗本质的“人”是理性认知，非遗传承人的“人”则是感性存在，二者共同确立了非遗研究的基础性原则，即非遗传承人是非遗的中心，“人本观”的非遗保护原则得以明确。

二

自2006年以来，从最早的非遗代表性项目与非遗代表性传承人的“双轨保护制度”研究，到当下的立足于项目和传承人的生态区、生产基地、研培计划和创造性转化创新性发展的多元研究，以项目个案、民族个案和区域个案为重点，国家主导的保护实践有了长足的发展。“非遗应用”已在学术史之后成为非遗“物化”的热闹场域。显然，以传统工艺和生产性技艺为重点的非遗应用实践，不再是历史性过程的文化延续，而是新时代建构非遗“物”的价值的前沿思潮。非遗的本质认知于是回到了“物”本身。客观地说，“物本观”的非遗保护有着特定的时代语境，突出非遗应用，强化非遗的当代实践，而这两个目的必然以“物”为基础，否则难以实现应用，也不易进入当代实践之中。

尽管如此，非遗的“物本观”还是带来了不可避免的保护、传承难题。

首先，非遗的“非”物质前提，与“物本观”形成严峻的内在冲突。

非物质前提的本来意义就是人本观，强调“人”的价值与创造性，高扬“人”的梦想与智慧，主张吸取世代传承下来的“人”的精神品格与思想成果。也就是说，界定、认知、发掘、传承、传播历史上的“人”的知识遗产与思想遗产，接受与践行以非遗为中心的自身传统，理解其中的“人”的情感、智慧与生活方式，传承其内在的精神层面的价值观，形成本源性的文化自觉与文化认同。然而，“物本观”的非遗传承将非遗引向表层化的“物”，忽略其精神内核，以技艺、知识的名义将非遗的“物质形态”从“人”的智慧中分离出来，使之最终以物质遗产的价值面世，舍其本而逐其末，从而取消了非遗的文化传承使命，在当代器用的工具价值中定位非遗，“物”的工具性取代了“人”的精神性，非遗保护落入了实用主义的陷阱之中。

其次，以“物”为中心的非遗保护，关注当代生活实践的市场化路径，正面临巨大的工业化挑战。非遗的“物本观”是一种实操性的观念，强调以传统工艺与知识技艺为核心的物质产品的当代应用价值，这些物质产品经由商品化过程，成为现代市场体系中的消费品。显然，这一市场目标的非遗保护逻辑是现代商品逻辑，即开发非遗的“物”而创造当代消费品。从“物”的应用而言，这一逻辑是符合商品经济规律的。只不过忽视了现代市场体系的工业化生产原则：以大规模、标准化的现代技术生产为基本模式，最大限度地为市场需求提供多样化的现代商品。因此，坚持市场化路径的以“物”为中心的非遗保护，就可能面临两种结果：一是根本适应不了现代市场，产出少，适应性差，达不到非遗的“物”的应用目的。二是非遗的“物”全面进入现代化生产过程，依赖机器生产的规模效应与标准化原则，产量大，适应性强，“人”的传统意义被全部消除，本质上也就从非遗转为物质遗产了，非遗不再是非遗。

也就是说，当我们从“物本观”出发来保护非遗，无论在理论上还是在实践上，都难以完成保护目的。相反，由“物”而无，非遗的本质“人”则被悬置起来，保护与传承也就沦为虚妄了。

《意见》指出，健全非物质文化遗产保护传承体系，完善调查记录体系：“实施非物质文化遗产记录工程，运用现代科技手段，提高专业记录水平，广泛发动社会记录，对国家级非物质文化遗产代表性项目和代表性传承人进行全面系统记录。”也就是说，调查记录体系有一个核心任务是对国家级非物质文化遗产代表性传承人进行全面系统记录，关键措施主要有三点：运用现代科技手段、专业记录方法、社会参与记录。就全面系统而言，《意见》没有作出明确说明。从传承人口述志记录的角度来看，全面性是指对传承人相关信息的完整记录，系统性是指对传承人信息的关联逻辑的梳理与建构。前者注重对时间、空间、主体、事件等传承人成长历程的多维度信息的采录，信息量巨大，丰富多样，细致入微，真实可靠；后者注重以谱系传承和社会传播的视角观照传承人信息，生命史与精神史互鉴，呈现传承人的心路历程，发掘传承人的文化传统，延续寓于关联项目的“人”的智慧与精神。

三

基于上述讨论，我们明白，如何保护传承人，如何研究传承人，已成为非遗保护的关键问题。它不仅涉及保护理念的问题，也是保护方法的问题，尤其重要的是，国家名录体系下的传承人生存与传承现状亟待深入调研，以适时制定出有效的可持续性的保护策略。因此，我们启动了“非遗传承人口述志研究项目”，旨在于“人本观”的非遗实践中，全方位、系统性、深层次地记录传承人口述志，坚持传承人视角，发掘传承人的精神谱系与生命记忆，守护基于传承人立场的首位言说权，探索基于人心对话的民俗谱系学方法，理解基于非遗体验的民族智慧与文化情怀，书写非遗传承人的心灵史，建设国家文化认同下中华民族共同体的非遗基因库，具有理论与实践的双重价值。

我们所理解的非遗传承人口述志研究，主要包括三个关键目标：

一是守护基于传承人立场的首位言说权。

非遗保护主体是谁的问题，其实用不着理论阐述，公共文化的设计者与实施者，就是非遗保护主体，显言之，就是政府。相对而论，非遗主体是谁的问题却有必要作一番细致的辨析。当下对非遗的认识，首先来自于对传统生活的讲述。民间文学、传统音乐、传统戏剧、传统舞蹈、曲艺、传统美术、传统技艺、传统体育（传统游艺、传统杂技、传统武术）、传统医药、民俗，等等，这些浸润于衣、食、住、行、用、乐等传统日常生活中的文化形式，正是国家非遗名录的十大类型。应该说，这份名录就是国家知识体系中的非遗主体，也是各民族各地区的家常俚俗。那么，这种已经上升为国家知识体系的非遗主体认知，是否就具有唯一的主体地位呢？答案显然是否定的，甚至可以说这些非遗内容只是对象，而不是非遗主体。真正的非遗主体是非遗传承人。由此我们确立了非遗传承人口述志研究的第一个目标，即守护基于传承人立场的首位言说权。

为什么要守护基于传承人立场的首位言说权呢？因为传承人的言说权旁落了，首位言说权被忽视和排挤了。那这种现象是怎样出现的呢？大体上出于两种原因，一是传承人的言说权被他的代言人把握了，时间一长，代言人将这种代言权归为己有，传承人就失去了言说权。二是传承人的言说权一直没有得到发现和尊重，也就没有得到认可，政府、学者、资本以及其他群体分解了这种言说权，大家各持一端，各言其事，各表其理，各不相认，于是，传承人的言说权实质上名存实亡。上述两大成因，从代言到分解，根本原因是传承人地位没有得到厘清和尊重。当然，传承人的首位言说权就无从谈起了。我们理解了非遗传承人是真正的非遗主体这个观念，就能够比较深切地体悟到传承人言说权和首位言说权的重要性了。因为非遗传承是传承人的担当，如何认识非遗、如何保护非遗、如何传承非遗，传承人就理所当然地居于首席发言人的地位，先在地具有首位言说权。

传承人的首位言说权具有独特的非遗保护价值。这种权利事实上规定了非遗保护的基本理念，澄清了非遗的历史性与现实性的关系，明确了非遗保护主体、非遗保护对象和非遗主体的基本任务，最重要的是，首位言说权取消了非遗保护实践中的各种权利建构，淡化了保护实践中隐藏着各种私心的“理论逻辑”，简化了传承线索，即传承人的首位言说权及其简明秩序。非遗保护也就成为名副其实的保护方案了。

二是探索基于人心对话的民俗谱系学方法。

传承人口述志记录有一个方法论指向。正如非遗实践需要普遍意义的操作手册一样，传承人研究也需要从口述志记录中探索可复制的方法。就基础性立场而言，民俗谱系学方法为口述志记录限定了参数与框架，提供了两个维度的口述志记录方向：一是伦理谱系的口述志记录，二是知识谱系的口述志记录。就伦理谱系的口述志记录而言，以传承人为中心，形成亲缘谱系、业缘谱系、地缘谱系和友缘谱系，多重谱系又相互交织，伦理机制影响着传承人社会身份的多元结构，深层次地决定了伦理谱系中传承人的价值与情感。正是这种价值与情感，可以锤炼传承人的精神品格，创造出属于他个人的独特能量。就知识谱系的口述志记录而言，以知识为中心，形成经验谱系、时间谱系、空间谱系、事件谱系、技能谱系和规律谱系，不同谱系之间的冲突与整合，逐渐凝聚为本体意义上的认识和表述，在知识应用机制中塑造了传承人的实践才干和创新意识。知识谱系的接纳与承递，决定了传承人在其传承中的担当意志，以及推陈出新的非凡气质。

人心对话是口述志记录的秘密之约。我们在实践环节中有一个体验性认知，明心见性，推心置腹，让久已尘封的记忆从传承人的积极情绪中得以唤醒，流淌在生命中的成长细节汩汩而出，似乎无痕的陈年旧事神奇般地重回眼前，那些原以为毫无意义的点点滴滴突然闪亮登场，将几十年来盲目前行的困惑层层剥开，共鸣中将传承人的成长线索清晰地梳理出来，奇妙而简洁。直指内心世界的对话是一次心灵的旅程，口述志回归心灵志，对话带来的深度精神治疗，以不可思议的方式释放出巨大的生命活力，所有外在的因素都逐渐融化为内在的能量，这也许就是口述志记录的魅力所在吧。

三是理解基于非遗体验的民族智慧与文化情怀。

传承人不仅是一个具象的个体，同时也是一个关联的群体。传承人口述志记录倾向于还原成长中的非遗体验，既通过传承人的表述去间接体验，也借助具体项目的参与去直接体验，这种体验不是外在于传承人的“他者”感知，而是以口述志记录的方式获取的理解传承人的必要路径。非遗体验正是在间接性感知与直接性参与中得以实施，而传承人对自我的还原式理解也就自然而然地得以完成。那么，非遗体验究竟得到了什么呢？一是传承人的民族智慧，二是传承人的文化情怀。

传承人之所以成为传承人，是因为他表征着自己的传统，标识着民族的典型特性。一方面，国家赋予他代表性身份，其本质是民族智慧的化身。应对自如的丰富实践能力，建构社会的多元组织观念，协调他者的“美人之美”的豁达与包容，皆以多姿多彩的生活形式沉淀下来，智慧成为传承人的代名词。另一方面，非遗体验彰显了传承人的文化情怀。并非所有的实践都天然地携带着理想的光环，令人乐意置身其中而为之追求。口述志记录倡导的体验实践，把传承人深沉复杂的情感过程结构化，使其变作富于浪漫色彩的人生华章。也许没有什么比传承人的文化情怀更能激活他生命的能量，点亮他的精神旅程，找到他难以实现的文化理想，即让自己的口述史转化为非遗的传承基石。

笔者充分认识到国家非遗传承人制度的关键意义，深刻意识到记录国家级非遗代表性传承人的生活史与生命史的紧迫性，自2015年起，开始建立非遗传承人调查工作机制，申请了“华中师范大学暑期社会实践重点项目”。该计划拟用十年时间，完成1000名非遗传承人的口述志记录，这就是“国家非遗千人合作计划”。

“国家非遗千人合作计划”暑期社会实践自2019年末以来受到新冠肺炎疫情的冲击，团队调查与面对面的生活观察记录受到极大限制。为了推进口述志调研，笔者与导师团队一起，将原来的“团队型、异地型”调查改为“个体型、家乡型”调查，重点以家乡非遗传承人为对象，以大学生的个体调查为主。近三年来，调查数量并没有受到大的影响，本书选择了湖北省非遗传承人口述志的9个比较有代表性的调查报告作为首批整理出版，主要集中在民间文学类、传统美术类和民俗类三个领域，都是源自生活实践的第一手记录，材料可靠，情感深沉，信息真实，有着浓烈的文化传承与文化自信的大学生自我发现的意味，双向的文化目标基本实现，或许这也是本书基于当代国家文化建设意义的出版价值。

专题一

民间文学类非遗个体传承人口述志

本章选取了两位国家级非遗代表性传承人，即下堡坪民间故事传承人刘德方、都镇湾民间故事传承人刘为芬作口述志研究，从身份信息档案的建立、生命史的梳理和口述志的记录等三个基本维度，呈现了两位传承人独特的艺术个性与人生观念，彰显了各自的文化传统与地方品格，在普遍性意义上揭示出中国乡土文化的哲学精神与价值理念，为湖北省非遗保护与传承工作记录了宝贵的第一手材料，也为构筑中华民族共同体提供了有着坚定文化认同意识的文化主体例证。

一、刘德方口述志[①]

【人物信息】

刘德方，1938 年农历八月十五生于湖北宜昌的普通家庭，自小热爱民间文艺，只上过两年小学，但博闻强识，具有非凡的记忆力和故事讲述能力。能讲四百多个故事、传唱一百多万字的山歌、薅草锣鼓歌、丧鼓歌、花鼓戏和皮影戏，被誉为“三峡地区最具活力的民间故事家”。1998 年 9 月当选宜昌县民间文艺家协会名誉主席；1998 年 12 月被《宜昌日报》评为宜昌市年度十大新闻人物；1999 年 2 月当选中国人民政治协商会议宜昌市第六届委员会委员；1999 年 12 月获得宜昌市“三峡文艺明星”特别奖；2001 年 7 月，刘德方被授予“湖北省民间故事家”称号；2004 年 12 月被授予“中国民间故事家”称号；2005 年 2 月 16 日荣获宜昌市民间文化突出贡献奖；2007 年 5 月 15 日被确认为宜昌市夷陵区农村乡土拔尖人才；2007 年 6 月 9 日被确定为第一批国家级非物质文化遗产“下堡坪民间故事”项目代表性传承人；2007 年 6 月被授予“中国民间文化杰出传承人”荣誉称号；2008 年 3 月被授予宜昌市“德艺双馨文艺家”荣誉称号。2016 年 10 月刘德方陈列馆正式开馆。

---

① 调查组组长为陈敏，调查组成员为刘芮、石文清。调查时间：2017 年 7 月 3—8 日，调查地点：湖北省宜昌市夷陵区夷陵楼。

（一）“故事”人生

第一次与刘德方老人相见，约定在宜昌市夷陵区的刘德方陈列馆。看得出当地文化部门对陈列馆的重视，刘德方陈列馆从设计风格到设备的选用都非常出色，以至于我们禁不住去猜想，这位远近闻名的文化名人刘爷爷会是怎样的面貌。“孩子——”一声饱含着乡音的呼喊让我们从忐忑的心绪中走出。我们顺声而望，看见的是一位瘦高的老人，他头戴帽檐宽大的手编草帽，手拿一把折扇。夏日的酷暑和夷陵楼前绕了三折的楼梯，让刘爷爷满头大汗。我们一边向馆中前进，一边寒暄，像是早已相识而多年未见的师徒。他自然地取下草帽，对折而握，使劲扇了几下风，驱走一些暑热。岁月在这位八旬老人的面容上留下了道道褶皱，但谈笑风生间，足见他心志与神态之年轻。不知这份活力，是不是那经年不衰的故事所赋予的？

1. 七次濒死，终得透彻人生

和“寒门出才子”的传统故事不同，1938年农历八月十五，刘德方出生于一个地主家庭。解放后，刘德方迎来人生中第一个重大转折点：作为地主，全家受到应有处罚，田产被收，受到人民批斗，全家被驱逐上山。

刘德方时常讲述自己“死了七次”的传奇人生。1945年，刘德方还是一个只读了两个月书的小孩，在锦衣玉食的护养下，他没有生成富贵之态，反而险些被一场重病夺去幼小的生命。据刘德方回忆，这病“来也神奇，去也神奇”。病至严重时，甚至只“进气”而不“出气”，远近大小医生皆请来看过，却不见成效。这一病，就是整整三年。说来也是缘分，一位名叫谭三甲的中医一日从胡家店子路过，因行途疲累加上口渴，到了刘家歇歇脚并且蹭点水喝。他见这家孙儿刘德方的病态，动了救死扶伤之心，水都顾不上喝便开始了医治。根据这位谭药匠的嘱咐，家人抓回草药，在锅里炒，让刘德方闻药烟子，让这烟子飘到他的嘴巴里。一连三天，就是这药烟子，将病了三年之久的他给救活了。

大病尚未痊愈，又添新病。随着长时间的拉肚子，整个人都消瘦得如同皮包骨，严重时，大肠拖在外面四五寸长。受乡村医疗条件的限制，刘家虽家庭富裕，却也未能护得周全，他大肠感染，流水流血流脓，穿不得裤子，被笑话长了尾巴，这都是当时不足十岁的刘德方所经受的悲惨病痛。把这次的病治好的不是别人，而是自家奶奶——冯清秀。因四处寻医问药无效，救孙心切，刘奶奶顾不得自己是个小脚，跑进山里去掐巴豆叶子，耐着心将冒出来的大肠一点点往回摁，反反复复，加上后来的药膳调养，终于根除了这个顽疾。说起奶奶，刘德方神色中带着浓浓的思念。

以上两次大病，刘德方幸得家私之丰厚与亲人之贴心照料而得救。都说“由俭入奢易，由奢入俭难”，生活状态的大起大落对刘德方而言却似乎并没有那么难，他对这一变故坦然接受。然而，命运也并未因他的释然心态而变得顺遂些许，相反，按照刘德方的说法，后面的五次“大难不死”，给他的人生增添了不少“传奇”色彩。而作为外人看来，我们看到的更多的是乐观背后的无奈与辛酸。一次，谭家坪季家请刘德方来剔杉树叶子，他二话不说，在裤腰带上别了两把镰刀便去了，然而因没站稳，他从三丈多高的树尖“扑”的一声跌落。季家人心想：这可坏了，却不料刘德方拍拍沾在身上的泥土，站了起来，毫发未伤。其后，又是在给人帮忙砌房子的过程中，他手提墙板，从两丈多高的墙头跌落，落地时，墙板重重地压在了刘德方的身上，在场的人都吓坏了，谁知过了一会儿，随着墙板下窸窸窣窣的声音，刘德方又爬了起来。这一次，他仅伤了肋骨，在床上休养了二十一天就痊愈了。

热心，力气大，村里的人喜欢找他帮忙，他也乐得助人。然而这些积德积善，换来的并非及时的回报：乘山洪运木材，一脚踩空栽倒在河床中央；突遇洪峰，船翻人仰；掉入长江，不便营救。三次将死，三次回生；命运，接二连三地向刘德方开着玩笑，却又绝处逢生，锤炼了他坚忍的生命意志和乐观的生命精神。

2. 三次婚姻，说来也是辛酸

在刘德方陈列馆的最里端墙壁上，用红底白字书写着刘德方三次婚姻经历。并非笔者刻意刻画，顺着端正的隶书，我们看到了其人生另一番坎坷波折：1958 年，刘德方年及 20，算得上是在当时较早开始自由恋爱的，他与 18 岁的姑娘何大英相识，在两人的相处中，感情愈发浓厚，顺理成章地相恋、成婚，原以为从此走入幸福的婚姻生活，现实却为这份幸福添了些阻力与考验：新婚五日便别离不断，夫妻二人聚少离多。心有邪念的一名村干部见何大英有些姿色，针线茶饭都算不错，便打起了她的主意。何大英不愿得罪这名村干部，更不愿与刘德方离婚，只好流着泪回了自己兴山的娘家，二人至今仍没有办离婚手续。据刘德方研究会的彭主席透露，中央电视台在为刘德方先生拍摄专题纪录片时，历尽周折找来了刘德方的第一位妻子，摄像机见证了这跨越半个世纪的相见。当时刘德方在一旁，安静地听着何大英的诉说，或许是想到了那时的情境，又或许是触及当年的心境，刘德方将头向自己的臂弯深深靠拢，再稍稍向外撇去，抹去了眼角的泪水。再次抬起头来，眼眶仍是湿润的。

因为秉性热忱，刘德方颇受村里人喜爱。看着这位年轻精壮的小伙子没有媳妇照料，村里人热心张罗，为他介绍了一个对象。说来也巧，这位对象叫作邓大英。二人酝酿着成婚，相互照应，谁承想却受到村里的极力阻挠。后来弄清楚，是村里管印的人想讨邓大英做老婆，而邓大英爱的是刘德方。村里阻挠，却耐不住二人感情真挚热烈，他们商量着暂时不办结婚手续，生活在一起，就这样，他们度过了和和美美的两年，并共同育有一女。眼看着生活一步步走向幸福，女儿的死让这一家子的生活再次跌入黑暗。苦难也接二连三地赶来：有人指控他非法同居、重婚，再三胁迫，甚至闹进公安局，二人再次被拆散，含泪相别。

刘德方 41 岁那年，一位名叫秦凤英的女性爱上了他的皮影，继而爱上了这个人。经中间人介绍，双方都觉得不错，便去政府办理了结婚手续，正式结了婚，过起了男主外、女主内的和谐生活。秦凤英喜欢刘德方的皮影戏，但随着时间的冲刷，她渐渐开始埋怨刘德方长期不在家、赚钱少，感情也慢慢变淡。加上此时又有他人挑唆，将秦凤英骗到宜城。第三次婚姻，也就这样不了了之。

3. 坎坷半生，付之百味故事

为刘德方的人生带来实质性变化的，是宜昌县（今夷陵区）栗子坪乡（今并入下堡坪乡）文化站的站长余贵福。刘德方说起他来也是倍加感激与尊敬，连口亲切称其“余站长”。余站长在与刘德方的接触与了解中，他惊奇地发现刘德方讲的故事多、质量高，而且记性特别好，多有含带诗文对联、四言八句的故事。于是，他常去刘德方家中听他讲故事。据刘德方回忆，那时候没有录音笔、摄像机这样先进的设备可以用，全靠一支笔，一个本子，余站长将他口中的故事记录下来，一连记了二十多个本子。到了 20 世纪 90 年代，余站长在当地媒体上发表了《深山有个故事王》的文章，为刘德方故事讲述的深度发掘埋下了伏笔。

随着形势发展，以及余站长等相关文化部门工作人员的鼎力支持，刘德方终于得到上级重视。时任中共宜昌县委副书记的彭明吉听闻这一人才，心里一震，连忙约见。就这样层层推动，刘德方成了当地颇有名气的故事家。彭明吉因故事与刘德方结下深厚的情谊，在离开县委副书记职务前，他一直关心刘德方故事发掘工作的进展，表示即使后期领导有变，也不能搁置这一项重要工作。如果说余站长慧眼识宝，将刘德方从山野间推至县里；那么彭明吉便是将刘德方从县里推向全省甚至全国的关键人物。不久，宜昌市民间文艺家协会主席王作栋在《人民日报》发表了一万多字的报告文学，介绍了刘德方的传奇故事。

考虑到刘德方年事已高，身边又无人照料，居住在偏远的栗子坪终是不便，县里商量将刘德方接到县城小溪塔来住。有人质疑：他的故事来自于山野，到了城里，会不会失去活力，或是断了源泉？实践证明，这一质疑是不成立的。年过花甲来到县城，种种新鲜事物是前所未见的，刘德方对其并未逃避，而是主动接纳，将城市元素融入创作，增添了许多新的故事。在我们与刘德方的交谈中，他也为我们讲述了一个最新创作的故事：久居山里的一对夫妇进城乘坐双层公交车而发生的有趣故事。

在县领导的积极张罗下，刘德方在县城里开始了自己的第四次婚姻。这一任妻子比他小了近二十岁，但二人并未因年龄差距而产生隔阂。相反，从刘德方的叙述中，我们可以感受到他对现在安稳生活的满足。

在刘德方陈列馆的照片陈列墙上，一张全家福引人注目。照片里，刘德方与现任妻子坐于中间，身后站着儿子、儿媳和孙子。刘德方指着照片中精壮结实的小孩，颇带骄傲地为我们介绍："这是我孙子，今年上初二了。"

老来安乐，算是对刘德方先生一波三折的传奇人生的最大回报吧。牙齿落又生，头发白又青，春夏秋冬间，刘德方的故事在不断地延续，可谓湖北"三峡地区最具活力的民间故事家"。

（二）讲故事的艺术

刘德方讲故事，开头铺垫不急不躁，中间发展合情合理，结尾点题透露玄机。他的民间故事反映了最常见、最普遍也最深刻的社会关系和社会矛盾，其生动的表演和轻松幽默的语言，让听众在笑声中体味生活的千姿百态。

1. 结构性强，兼采民间与诗文

刘德方的故事大多来源于三峡人民的口头创作，他的故事中所表现的自然环境、生活习俗、风土人情和语言形态，都是三峡地区民众所特有的。故事所包含的民众精神、愿望和情感，以及审美情趣和艺术智慧，也是三峡地区人民真实生活的艺术反映，具有浓厚的三峡区域文化特色。下堡坪乡民间故事蕴藏量大，普及面广，传讲人多。过去，在下堡坪乡几乎人人都能讲民间故事，只要条件允许，村民就会聚集在一起讲故事、唱山歌取乐。这里的故事大都具有教育、娱乐、启示、传播知识等多方面的功能。文学气息浓郁，以吟诗作对见长。在每个看似平实的故事中都有诗词对联的影子，或推动情节、或刻画人物、或渲染细节。诗词对联也成为刘德方衡量故事好坏的参考因素之一。

2. 充满想象力和创造力

刘德方即兴创作能力、灵活应变能力超强。他能够根据听众的身份和反应，及时调整语言，力求以最合适的语调和语速进行情感表达和氛围烘托。他在继承传统故事的同时，善于结合时代发展和现场情境创作新故事。融通乡村文艺，讲述风采独特。刘德方精通各类民间文艺，这为他的故事讲述提供了大量素材，增添了无数亮点。特别是曲艺技能，使得刘德方能够胸有成竹地把握多样的故事题材，得心应手地表现个性突出的人物形象，游刃有余地处理曲折多变的矛盾冲突。

（三）下堡坪民间故事的传承现状与问题

下堡坪民间故事历史悠久，据调查，下堡坪乡及周边流传的民间故事有 2000 多个。这里能讲 50 个故事以上的有 100 多人，其中能讲 100 个故事以上的有 20 多人，能讲 200 个故事以上的有4人。在农闲时，几乎每个村子都要自发举办故事会。一个农家小院内，几十个村民围坐一起，各自讲自己听来的故事。讲得好的，大家一起鼓掌，讲得不好也没人笑话。讲完后，大家再一起进行评论，或发纪念品。渐渐地，各个村子涌现出一批“民间故事家”。目前下堡坪故事的传承是以刘德方为主体的故事家们来进行的，刘德方通过在大学任教、公开收徒、接受媒体采访等方式对民间故事进行宣传，试图吸引更多的人关注民间文学。为了更好地传承，当地政府积极支持刘德方民间文艺研究，出版了一系列书籍，供后来者学习，另外当地大力倡导民间文学进校园，编写校本教材供小学使用。现在，当地小学初中都设立了相关的文化传承课程，并且由民间故事家作为任课教师进行传授，该课程在学生中的反响良好。此外，文化部门还设立了教习所，教习所是专门对学生们进行专业性教学的场所，刘德方在每年固定的时间会和自己的徒弟们进行一次集会，相互交流，相互学习。政府出资建立了刘德方陈列馆，展示其人生经历、手稿以及传承谱系，保留了民间故事家的精神财富，刘德方陈列馆已经成为宜昌的文化坐标。政府也在对传承人进行抢救性保护，争取政策改善传承人的生活医疗条件；努力搭建平台为传承人之间更好地交流创造条件。此外，学者对于民间故事的研究也对其传承产生很大的影响。

经过调查，我们发现在夷陵区，大部分人知道下堡坪故事，也听过下堡坪故事。但是下堡坪故事的传承现在也面临着巨大的挑战，主要表现在以下几个方面：

一是传承人出现断层现象。目前，会讲故事的集中在60岁及以上人群和大部分中小学生（主要通过在中小学开设故事课堂，学生们了解下堡坪故事，会讲故事），中年人大多对故事不感兴趣，会讲的人少之又少。

二是故事传播范围受限。故事多用当地方言讲述，以普通话来讲的时候，反而丧失了故事中一些趣味性的寓意，对外地人来说，无法理解故事的乐趣。这使得故事传播受限于宜昌地区。

三是传承后劲不足。在非遗项目开始阶段，文化部门投入了较大的关注力度，但是后来对民间故事的支持力度减小，产生了审美疲劳，活动形式创新不足，导致民众对政府举办的活动关注度降低。

四是口头文学改编成为书面文学难度比较大。在对刘德方的调研过程中，队员们发现其讲故事主要是靠个人的记忆力，由此为后期的资料整理、出版以及校正口头文学的偏差增加了难度。

五是受到传承人的局限。下堡坪故事的传承主要是靠为数不多的资历较深的传承人，而新一代的传承人并没有成长起来，因此文化的传承就限制在这些传承人身上，其年龄、身体状况都成为制约民间故事传承的因素。

（四）刘德方对下堡坪故事传承的贡献

湖北省宜昌市夷陵区下堡坪乡位于长江西陵峡北岸的崇山峻岭间，这里风光秀丽，人杰地灵，历史文化十分丰厚，特别是民间故事驰名大江南北，一批民间故事传讲人，长期活跃在田边村头。特殊的地理、经济、文化和历史条件构成了当地民间文化生长和传承的特殊环境，文化积淀十分丰厚。下堡坪故事是三峡民间文学的缩影，有较高的学术价值和鉴赏价值。这里民间文学历史悠久，经历了古代荆楚文化与巴蜀文化的融合期。本地流传着 2000 多个民间故事，乡里几乎所有的人都能讲故事。

刘德方作为国家级非物质文化遗产下堡坪民间故事项目代表性传承人，以其独特的故事风格和高超的艺术技巧闻名。他在继承、传讲民间故事的同时，也坚持着自我创作和民间故事的传播。刘德方在当地收徒，进行定期的技巧教习。除此之外，他还积极参与当地的民间故事进校园活动，在下堡坪乡小学和三峡旅游职业技术学院都能看到他的身影。刘德方还经常参加私人聚会，现场表演讲故事，将民间故事展现给更多的民众。可以说，他为下堡坪民间故事的传承做出了独特的贡献。

1. 民间故事传承的“国宝”

刘德方一生坎坷，到晚年才有了安定的生活，而对他来说民间故事的传承是他一生的追求。在与我们的谈话当中，他说民间故事是民间文化的产物，是广大劳动人民智慧和生活的结晶，故事当中蕴含的不仅仅是趣味，更蕴含着老祖宗们遗留下来的生活经验，而这才是最宝贵的东西。刘德方坚持传承民间故事20余年，即使在他人生最艰难的时刻，他仍然保持着乐观的心态，闲暇时在田间地头听别人讲故事，然后将其记在心上，回到家之后再细细揣摩，去掉不适合的地方，再加以改编，就成为有自己特色的故事。刘德方不仅记忆力惊人，可以记住几十万字的故事，还会皮影戏、薅草锣鼓、丧鼓等才艺，而这些乡村才艺更为他的故事增添了不一样的色彩。年少时的磨难已经足够让他成长为一名深受乡土文化熏陶的民间故事家，后来被县委副书记彭明吉发掘之后进入县城，他接触到了新的、不一样的城市文化，又迸发出了强劲的创作能力，进入民间文学创作的高潮。

2. 积极参与传承民间故事的活动

随着社会的进步，现代化进程的不断加快，人们的生产生活方式发生了巨大的变化。在物欲纵横的世界，大家难免对民间故事这样的民间文学失去兴趣。刘德方在成名之后，积极参与民间故事推广活动，通过演出来传承民间故事，吸引更多的人来关注。不仅如此，刘德方还公开举行收徒仪式，通过示范、讲课等方式来培养下一代的传承人。政府每年也会举办多次故事大会等活动。此外，还建立了刘德方民间文艺研究会，对刘德方的作品进行整理出版，向各界传播民间文学艺术成果。政府出资在夷陵楼建立了刘德方陈列馆，现已成为宜昌的文化标志，通过接待游客进行宣传，努力扩大文化影响。

3. 大力推进民间文艺进校园，寻找新一代传承人

当我们问及在传承和发展民间故事中有没有遇到什么困难的时候，刘德方说遇到最大的困难就是找不到满意的传承人。已经成为国家级传承人的刘德方老人还有培养下一代传承人的责任。刘德方在文化馆以及相关部门的支持下，设立教习所，其徒弟以及本人受聘于三峡旅游职业技术学院以及下堡坪乡小学担任教员，进行民间文艺的授课，还编订了相关教材。

虽然宜昌对非物质文化的保护力度很大，方式方法也多种多样，但是由于宜昌非物质文化遗产种类丰富，非遗保护中心的工作开展也很难面面俱到，而且因为各种现实原因和现代文化的剧烈冲击，目前下堡坪民间故事的传承现状仍然令人担忧。不过，刘德方这一代老一辈的故事爱好者们还在坚持着，也积极参与到保护和发展下堡坪民间故事中，因为他们的坚持和热情，非物质文化遗产才有发展和传承下去的可能。

【调研附记】

陈敏

这是我第二次参与“千人合作计划”实践活动，出发前，我收集了传承人的资料，反复修改调研计划，跟队员们不停地商讨着方案，以期能够消除自己的紧张感。

带着些许未知的兴奋踏上了去往宜昌的列车，即使一天的奔波劳累也没有压下自己心头对见到传承人的期待。第一次见面是在夷陵楼的刘德方陈列馆，这里的桩桩件件都承载着他的人生记忆。或许是他似邻家爷爷般的和蔼笑容感染了我，心一下子就放松了下来。他带领着我们一件一件地参观他的陈列品，奖杯、作品、皮影……讲述自己过去的人生，即使谈到过往自己遭受的苦难，也始终面带微笑。我想或许只有这样千帆过尽，宠辱不惊的人才能够真正地领会到民间故事的韵味吧。

刘德方爷爷已年近八十，但是身体依然康健，也还活跃在民间故事传承的舞台上，真不愧是“三峡地区最具活力的民间故事家”。他十分和蔼，在调研之初就十分地配合我们，像个迫不及待展示自己新玩具的孩子一样，向我们展示近些年来的创作。刘德方民间文艺研究会会长彭明吉说，现在政府对于刘德方的民间故事传承给予了很大支持，帮助刘德方解决物质精神等问题，希望刘德方能够专心创作和整理传承资料。

刘德方十分热爱民间故事，可以说民间故事就是刘德方的第二次生命。童年病痛的折磨，三次婚姻的失败，女儿的早夭都给这位老人以沉重的打击，而民间故事可以说是他人生最后的希望和执着，支撑着他走过这风风雨雨的八十年。他几乎将整个生命都奉献给了民间故事。

新中国成立后，刘德方因为家庭原因而遭受挫折，当时，听别人讲故事，默默地记下来，一个人的时候，静静思索，改掉不合理的地方是唯一能给他带来慰藉的事情了。他坚持着，哪怕别人并不理解，当他沉浸在故事当中时，那是一个独属于他自己的世界，就像一只负重前行的蜗牛，独自走在梦想的路上，对所有的嬉笑嘲讽充耳不闻，朝着自己的目标前行，终于迎来自己的曙光，成为如今远近闻名的故事家。刘德方的人生是不幸的，但是他也是幸运的，或许就像命中注定一样，天将降大任于是人也，必先苦其心志，劳其筋骨，饿其体肤，空乏其身。这些苦难是他的财富，是他的积累，让他能够宠辱不惊，沉淀自己的心境。刘德方惊人的记忆力和创作能力让我们羡慕万分，耄耋之年仍可以口述几百个故事，还可以在生活当中汲取灵感，不断创作，跟随着时代发展的潮流，不落俗套，这才是真正的民间文化滋养出的伟大故事家。

刘德方对现今的生活感到很满足，含饴弄孙，闲暇时光有故事民歌相伴，自在知足。刘德方还积极地参与到民间故事的传承工作当中，开办教习所，在大学开办故事讲堂，编订教材供小学教学使用……刘德方这一生因故事而活，与故事相伴，最终也将把自己奉献给民间故事。谈到自己的故事，在他身边你会很容易忘记他是一个饱经风霜的老人，那样的神采，内心的兴奋，就像少年谈到心上人一样，神采飞扬，故事让他的心依然年轻。

调研时光匆匆而过，但是我们与民间故事的故事还未完待续，传承还在继续。这片孕育文化的土地，不管是重峦叠嶂，还是蜿蜒流水，似乎都在倾听我们的故事，都在讲述着民间的文化积淀。又一次感受到不一样的人生经历，又一次领略到不一样的民间风采，非物质文化遗产总是在你意想不到的时刻带给你前所未有的体验，这对我来说是一种独特的感受。我们听到的不仅仅是别人的故事，我们的感悟，我们的收获，我们的成长都蕴含在其中，故事归来仍少年，我们在故事当中成长，但是我们的心并不会随着时间而苍老。故事已经开始了新的篇章，而我们人生也将从我们的故事出发，厚积薄发开始新的旅程。

刘芮

第一次参加实践活动难免有些紧张，队伍出发前我对此次要访谈的代表性传承人做了很多设想。青年丧女、九死一生、“婚途”多舛……当这些词聚焦在一个耄耋老人身上时，“奇遇人生”已经不足以表达我对他的认识。事实证明，在碰到刘德方之前，任何设想都只能停留在想象层面。

见到刘德方爷爷，我的第一印象是“好高”，随后才发现“好瘦”，经过几个小时的相处，他的随和与高超的民间艺术涵养才逐步显现出来。

我们常说“戏如人生，人生如戏”，恐怕故事亦是如此。谈起自己的坎坷人生与民间故事的交织纠缠，刘德方几近哽咽。他说，他在最难受的时候就会想想自己的故事，心里就会开心一点。这已经不仅仅是消遣娱乐那么简单了，民间故事俨然成为一种精神寄托。

我想，仅有寄托还是不够的，关键是人心。假如生活欺骗了你，不管你有没有普希金的善良和宽恕，至少你得勇敢地去面对。刘德方是个开朗的人，即使背负了几十年的沉痛，他依然逃脱了曾经如梦魇般的桎梏，如果没有强大的心理承压能力和对生活的热切期望，一个人怎么能从命运的魔爪下逃生？生命是脆弱的，但就是这一份脆弱，让余下的坚韧更加弥足珍贵。刘德方说，他从未恨过那些曾经伤害他的人。人生在世，谁没有做过错事，人家本就已良心不安，何必再落井下石、雪上加霜。人人都知道宽恕是美德，但真正能够做到宽恕的人又有几个？

到了晚年，刘德方终于过上了幸福的家庭生活，他和他的民间故事也得到了国家与社会的极大认可。在面对荣誉时，刘德方坚守自己的初心，不骄不躁。对民间故事的热忱让他在世俗之中依旧灵台清明，他说，我讲故事不是为了钱，不是为了物质。我只是想让我们的传统文化流传下来，让更多的人了解它、喜爱它。我本以为，作为全国性的名人，刘德方会具备一些名人“该有的特质”，然而他却很随和。年近八十的他对我们的实践活动十分支持，还主动陪我们到宜昌市夷陵区文化馆查阅相关资料，提供了许多相关人员的信息，还帮我们联系安排行程。这样一位“普普通通”的名人，怎能不让人钦佩！

“三百六十行，行行出状元”，作为国家级非物质文化遗产下堡坪民间故事项目代表性传承人，刘德方可以说是已经站在了高峰。相对于他的才华，我更加钦佩的是他的人生态度。

此次实践，我们宜昌队还到了下堡坪乡秀水坪村，拜访了刘德方的弟子黄泽祥老师。当地以前是个贫困乡，绝大多数的村民住在土房子里，就连通往外界的唯一一条公路都是坑坑洼洼的土路。然而 2006 年 5 月 20 日，下堡坪民间故事经国务院批准列入第一批国家级非物质文化遗产名录。这就让我们不得不深思，为什么在那么贫穷的地方，民间文化却能够绽放出如此耀眼的光芒?

这种独特的民间地域文化在全国范围内独树一帜，下堡坪乡几乎人人都能讲故事，独特的文化氛围让当地的民众精神生活多姿多彩。

透过秀水坪的绿水青山，我仿佛看到了多年前，农闲之时聚在一起讲故事消磨时光的男女老少。幸福是自己给的，永远不要乞求。

石文清

刘德方是一位不喜欢“讲道理”的人。相比生于同一年代、有着类似人生阅历的老人，他的嘴里极少会冒出一段又一段教人育人的大道理。

“故事”，是他传递思想的工具。在夷陵，刘德方的名字似乎与“故事”相挂钩，人人都知道，这里有一位会讲故事的老人。

我们循“故事”而来，却携“人生”而走。

半旧的草帽、未开的折扇、宽大的白色汗衫映衬着久经日晒的黝黑的皮肤。亲切感十足的一声“孩子”让我们确信：眼前这位老人，便是当地鼎鼎大名的文化巨擘刘德方先生了。简单几句寒暄后，刘德方将我们引到陈列馆内，一一介绍起这里的种种陈设及其历史渊源，说起了他的故事创作，兼及他的皮影、山歌。顺着刘德方的娓娓叙述，在一个又一个故事浑然天成的串联中，我们看到的是耄耋之年的老人惊人的记忆力与经久不衰的创造力。

刘德方以故事多、质量高而闻名三峡，但此行给我触动最深的，却是他的传奇人生与平和心境。看过刘德方故事集便知，其绝大多数故事中都埋藏着许多的包袱和笑料。反观其人生：生于富贵之家，年幼却逢家道中落，七次大难不死却没得后福，三次婚姻都以破裂告终。这种种的不幸，都让刘德方遇上了，我甚至很难相信，眼前这位轻松地说说笑笑的慈祥老人，曾经竟遭受过这样的苦和累。“您憎恨过吗？”我们问道。“我这个人不记事，这样活得开心。”刘德方挥了挥手，像是在驱走那些过往的不愉快。

“故事”里的刘德方有着夷陵地区“谁人不识君”的名

气，见遍大千世界的美好，品过世间种种欢乐；而“故事”之外的刘德方，却有着不为人知的大起大落。

二、刘为芬口述志[①]

【人物信息】

刘为芬，女，1944年生于湖北省长阳县都镇湾镇十五溪村，著名故事家，长阳土家族自治县民间文艺家协会会员、常务理事，倡导“家庭故事会”，把传统故事引进校园，担任校外指导老师。2010年6月被授予“长阳土家族自治县民族民间传统文化优秀传承人”称号，2010年9月被宜昌市文化局授予“非物质文化遗产优秀传承人”称号。2012年被评为省级非物质文化遗产代表性传承人，2018年被评为国家级非物质文化遗产代表性传承人，2021年获得“中国非遗年度人物”提名。

她一生坎坷，从小疾病缠身，多次与死神擦肩而过，但每次都以顽强的意志战胜病魔；因为家庭和身体的原因，中途弃学；结婚初期一人在家操劳被人诬陷与人私通，差点投河自尽；中年时唯一的儿子溺水身亡……刘为芬经历了太多磨难，但始终积极向上，热爱生活。

作为国家级非物质文化遗产代表性传承人，刘为芬被称为能说会道的“日白佬”。刘为芬会讲500多个故事，且会自己

① 调研组组长杨江微，调研组成员为马琦琦、陈敏。调研时间：2016年7月10—18日；调研地点：长阳县都镇湾镇十五溪村。访谈对象：刘为芬、谢邦忠、张颖辉。

改编和创作故事，是一个无穷无尽的故事库。由于经常和学生打交道，刘为芬所讲故事通常寓教于乐，通过讲故事告诉人们为人处世的道理。刘为芬不仅是优秀的非物质文化遗产传承人，同时也是一名杰出的非物质文化遗产传播者。她把民间故事带进校园，学校为每个年级的小学生定制了相应的课本，当地小学生在毕业时每个人都能讲几十个故事。刘为芬还和十五溪村的其他传承人一起组织九月九故事大会，让喜爱故事的人可以聚集在一起分享故事。

（一）坎坷成长路

1. 病痛折磨的童年

我是 1944 年出生的，土生土长的十五溪村人。我家里人口很多，爹、妈，还有一个大妈，哥哥、嫂子，还有弟弟。1953 年，我们还住在老屋，我们的土墙屋。我们还没分家。后来分家，我的哥哥、嫂子就在老屋住，我们就搬到现在住的地方了。那个时候，土改，我的爹呢，还是村长，领导全村。过去那个村比我们现在的村大得多。相当于我们现在的村三倍大。从解放一直到土改，到分田地，我的爹妈都是蛮红的人物。我们家原是贫农，种地主的田，但有自己的农具，自己劳动。

我从小就是病出来的，我两岁时就得了痢疾，那个时候，医疗条件差，我已经奄奄一息了，就把那个木匣子（棺材）都做好了，只等气一断，就往那个匣子里一放。我的爹说："你走啊，你就平稳的，你就稳当点。"就是那么嘱咐几句，他把我裹在布里头，就搁在簸箕里，这是我们那里的土家族习俗，小娃娃夭折了就这样放在簸箕里。第二天早晨，家人抬起簸箕准备把我送走，忽然，我又喊爹，我又活过来了。实际上当时我痢疾导致严重脱水休克了。现在呢，就可以输液，补充水分。过去没有这个条件。

再到四岁的时候，我的腿，估计是淋巴发炎，左腿内侧的肉全部烂掉了。后来，那个草医郎中，弄个剃头的刀，给我把烂肉全部都刮掉了。我只四岁，我四个月没有落床。就是在那么一个摇篮被子里头，在摇篮里面待四个月，我的妈妈说的。

到七八岁，我读小学的时候，我头又疼，有个把月没有上学。不久我又患上头疼，这个神经疼，后背疼，疼得真让人受不了。当时，疼得没法读书，最后我的头，一直就是这么偏着，一年四季都这样。当时，我读书学习还是可以的，最后，我说我身上带病，就不读书了。老师又把我找来了。班主任来了，校长也来了，我还是去学校。我又去插班读书，半年以后，这里（腹部右下方）又复发了，在家里又待一个月。那个时候，我的妈妈在学校做饭。当时是共产主义学校，吃大锅饭，我的弟弟就跟着我的妈妈在那里上学，我的爹呢，在村子里面做事，同时，在生产队里面当保管员，管水田，搞这些事。我的爹看到我在家里，就让我做袜子，这样在家里待了一个月。那个时候小，我也不晓得是什么病，我也不知道，我这一个月没上学呀，就是坐着不动，每天坐着，我妈就说，那你想吃什么呀？意思就是怕我死了，她有遗憾。那个时候，土改过后，搞统购统销，全部的粮食，都要上交。把苞谷、红薯弄成细米微末，再把它弄干，还要交粮食局里去，那家里什么都没得。我特别想吃红薯粉条，那就是我害病时最想吃的东西。没想到后来自己好了，我又去上学。这次上学一直到五年级，我要到另一个校区上学，离这儿一二十里路，要从都镇湾那边过去，在那边读书。五年级的第一学期期末，放学后，别人都走了，卷着铺盖行李，背起走了。我们大队干部呢，就在那把课桌翻过来，这样到了开学的时候，再翻回来还是干净的。板凳，也是这样整齐放好，再翻过来也还是干净的。

2. 保送卫校

生病在家期间，草医给我做腿部化脓的引流，他把山上的那个树皮刮下来，连成一根小绳，这样一穿，给我穿在肉里头，做引流，把里头的脓血放出来。一个月以后，老师又来了，找我去上学，我又去了学校。我那时想，一个月没有去，怎么跟得上呢，老师说给我补课，结果也没有补课。我有个同桌，我告诉他说，我不懂，他说“我告诉你做”，几个题做完，我说我会了，结果一考试，我又是第一名。他们就说，你们瞧，她老是掉课，那么长时间没学，学习成绩还那么好哩。肯定是老师关照的，老师包庇了。后来教导主任和班主任老师，就把我的大测验、小测验、作文本、练习本拿来，给我搞成保送的，保送到宜昌去读卫校了。读卫校是1959年，我就没有考试。同学们考试的时候，我就给老师洗衣服，在厨房里帮厨。有别处来的考生、监考老师，我就给老师们洗衣裳，在厨房里头帮忙打杂。

其实呢，我就想学个技术，不管哪一门技术都行。我一个农民，学个技术，考个技校，我六年级毕业就填的技校。因为我读的书上写田桂英会开火车、梁俊会开拖拉机，我有点向往。结果就给我搞到卫校。我在宜昌的时候，我们的水平太差，我的初中只读了一年，高中三年也是一年完成的。后来卫校没读完，肝部又疼。我们学校就有医院，在那里治疗吃药，但是效果不好。我们那个时候学的课程，有语文，有数学三角几何，社会经济学，我们也有历史，有人体解剖学，组织胚胎学。当时有个助理老师就天天让我看书，使我养成了看书的习惯。1961年，在学校大概待了两个月，放暑假时，老师给我开了休学一年的证明，说农村的空气好，水好。当时没有检查出什么病，就说你回家休养，可能是在学校压力大的缘故。回家了病却没有好，别人上山劳动，我就看书，看一些长篇小说。

在卫校只有两年，还有一件事，就是我的腿患上风湿了。当时我跟当阳的一个姑娘同宿舍，两个人睡觉挤一张床，那个床只有这么一点宽，是竹子的床。她怕我滚到地上，她在外面睡；我怕她滚到地上，我就靠着墙睡，一年四季贴着墙，所以就把腿弄成了风湿。在学校的时候病就发了，上厕所的时候，她们把我背到厕所里面，再背回教室里面去。后来休学，没有从卫校毕业，在家里待了一年，打针，每天去一次，半年就把家里搅得穷困不堪。后面就没有钱和能力再上学了。直到现在，我的学生证、铺盖行李、户口、团组织关系都在学校没有拿回来，只回来了一个人。本来 1962 年还可以去上学的，但我没有去，就开始从事劳动。我的父亲叫我去宜昌上学，我说那个时候大学生下乡，接受贫下中农再教育，我一个农村孩子还往城市里跑？就没有再去，年龄也大了。

3. 为了家人而与死神抗争

我爹蛮有文化，一肚子书，也是因为家境不好，我的爷爷、奶奶死得早，我的幺叔一结婚就过房到我的二爷爷那里去了。我的爹就放弃读书，种田，也搞革命了。我的妈妈三十二岁生我，那时我爹四十岁。那个时候的生活好苦，就是要搞革命，白天做事，晚上开会，我的爹写条子，我的妈妈送信，妈妈是妇救会的成员。曾经还有个故事，关于我的老表的，他现在已经九十多岁了。当时贺龙在这里的时候，我的爹妈跟着贺龙闹革命，有天夜里队伍在杨家坪开会，准备出发，我的爹妈把他带回家来过，过一段时间再去的时候找不到组织了，就回来了。我的老表就说，三舅和三舅妈（我的爹妈）是吃了他的亏。

1962 年 7 月，我就开始从事劳动了，我心里想反正做一天事算一天。当时我特别拼，什么都做，栽秧，背粪，只要生产队需要人，不管轻活、重活我都做。那个时候劳动换工分，开始我挣 7 个工分，然后是 8 分，最高 10 分。自从结婚以后，我一般都是挣 10 分。

我最遗憾的就是没当个技术员，没有实现自己的梦想。我就把每一分力都用在劳动上，就是使尽力好好干。人不懒，我 18 岁和老伴结婚，再就有了几个小娃娃。有了三姑娘以后，我的肝病又有点复发，一阵一阵地疼。后来我们那里来了一个武汉的杨医生，他检查后说我得的是不治之症。他还给我开了证明，让我在生产队从事轻体力劳动。我说，自从我两岁开始，一直生病，一直活到现在，赚了 31 年。我的老伴是倒插门，我怕我一死，村里人对他有歧视，而且我还有小娃儿，还有父母，我一想还是不能死，又去了一个医院检查。那个时候就只有两个医院，诊断是一个结果，回来后，我把药从窗户上甩出去，把那个让我从事轻体力劳动的证明也撕了。回来还是一样地劳动。只要队长一说，叫我挑粪，背粪上坡，我就去干了。别人是流汗，我的衣服裤子都是湿的。付出的代价数不完。我这么拼命干，就是等我死了，别人不歧视他（老伴）。我的孩儿们分粮食的时候，人们不歧视他们，说他们的妈不懒。再呢，我们生产队里面，人死了就送一个花圈，我就在挣那个花圈。从那时候起，我也开始讲故事，每一天，干累了，就把锄头一放，我们讲故事，讲得我们精神来了，就开始继续干活。

几个故事一讲，我们干活就起劲，我们每回任务完成得比别人早些，他们来检查时，我们从来没有犯过懒。就是通过故事，我们干活有劲，到现在我还没有死。实际上，我的心肌缺血，心肌肥厚，我的心率过缓，只有 42。我已经 4 次休克了，有 3 次醒过来，小便就在裤子里。

我弟弟上学了，也当兵了。我们家里，我爹搞革命，我的丈夫当兵，我弟弟当兵，我弟弟的儿子当兵，我的孙子当兵，一家人都勤奋向上。那个时候葛洲坝开工，弟弟当兵转业回来，在荆门办的水泥厂上班，支持葛洲坝这个大水电站建设。

4. 受人诬陷

我 30 多岁的时候，得了肝病 ，医生说是不治之症，那个时候一直特别乐观，人家有什么事，我就给人家帮忙。再后来一直到 1999 年，我儿子死了以后，我就封闭自己。我还有最苦恼的事，我在大队当医生的时候，他们不准我和男人说话。你看，我是医生，我接触的人又多，我这个人又蛮活泼，上面来个什么人，总会来大队，那个时候我就给人倒杯茶，就被人说是有男女关系问题。最后就被关了七天禁闭，七天没吃二两粮食，上厕所都要人跟着，就是整天以泪洗面。就因为我接触的人多，怀疑我生活作风有问题。我这个人就是人家有什么困难，不管大小，我都搭把手。假如你是个男同志，袜子破了，我就说你快脱下来，我给你补一下。你的衣服破了，快脱下来我给你缝两针。那是 1973 年 6 月份的事，当时我是被卫生部门的同志哄骗去的，关在都镇湾公社，他们让我写检讨。我说我没有什么好写的。那个时候，我就想投清江河。后来，我想我这么不明不白的死不好，我要回来跟老伴说个清白，说清楚再投清江。再呢，我还有后事要交代。父母、小娃娃要交给老伴，我肚子里头还怀着第四个娃娃，我死了就一尸两命。到了第七天的时候，他们说你什么都没写吗，我说，我没有什么写的，我没有干的事，我不能写。我没有跟张三、李四做不好的事，我肚子里头的娃娃确实是老伴的。他们怀疑的原因是，老伴当时计划生育做过结扎，所以当时大队的人认定我怀的孩子是别人的，加上我平时与人接触较多，所以他们将我关禁闭，逼我承认。

我就发誓不是别人的，我就让他们带我去检查，去长阳检查，宜昌检查，不能在都镇湾检查。如果检查是我的问题，我就承担，如果不是我的问题，那我从第三个孩子后就要你们养活。后来，我又生孩子了，别人生孩子罚款，我生五个没有罚款。

5. 渐渐平稳的中年生活

我在家里从事劳动，老伴就一直在管道公路上班，最后管道公路不修了，就转到公路段。在困难的时候，像现在这样闲月里，我就跟着他铺柏油马路。1992 年，老伴退休。我们决定修新房子。2001 年借钱修好了新家。当时没得钱，找人家借。借了两千块钱，加上老伴每个月有两三百块钱工资。建房那一年，我们用存着的钱加上他的工资，自己去购买、搬运建房用的材料，因为那个时候我也会打模子，所以很多材料也自己做。

我们借还钱讲信用。像今天借钱的时候跟你说好了，把你的钱拿手里就建房，一建完就把请的工人的工资一开，下个月我们就存钱把人家一还。不拖人家的，快些搞了还了。把人家的还了，我再找其他人借，人家 500 块钱我都借了来。千辛万苦地做工、劳累，我们 2001 年正月开工的，三月十八就搬到这个屋里来了。不过，并没有完全建好，一直到 2004 年才完全装修好，有三年多的时间。真的是要一下子装修好，没得那个能耐。那个窗户最开始绷的是薄膜，买不起玻璃做不起窗子。粗活重活都是自己干的。每天，我起床，把灶房火搞好呀，我的三姑娘就起来做活，老伴就跑材料，然后一家人就把这个房子建起来了。起初只把它搞了只能说住在里面不漏雨，最后再慢慢地来完成的。后来是我女婿他们在外面打工挣着钱了，才慢慢地搞粉刷呀，铺地砖呀，房门，也是我的女婿自己做的，他要挣得到钱，才买得起木板呢。他那个时候就在别处给人做工，就跟学艺一样，学到手以后回来就自己做。很多家具都是自己做的，那个电视柜呀，包括楼上的那个门呀，是他们自己做的。

我们历来都有节俭的传统。我的爹妈说，人就是要勤俭，吃穿，不管什么，你得节俭，不能浪费。省着的就是挣着的。

从改革开放，生活基本上就变好了。自家种地呀，像特别是在外头能打工。他能打工他挣钱就比在农村的活泛些。按我们农村的生活，经济来源就是一个红枳，一个茶叶。我们最大程度算，我的红枳也卖不到两千块钱，我的茶叶也卖不到两千块钱。我们就按它收成最好，茶叶两千呀红枳两千呀，也只有四千，另外卖个猪子两千，也只有六千块钱的收入。我们田里种的苞谷红薯都是喂猪的，因为那猪子换成了钱，那你红薯呀苞谷就不能算钱。一年到头，我们就是赚个猪钱，我们一年喂两头猪，现在都不卖，留着自己吃，待客吃。因为经常有客人来，那我就必须要准备，我就不能到那个市场上去买，我自己种的、自己养的，都好些。

我那个大姑娘读到六年级，因为没参加考试就没上初中，后面的孩子也是读到六年级就没上学了。我也不晓得是什么原因，你说他们又不傻呀，他们都想读书但是不行呀。那个时候有的是搞推荐，后来就是凭成绩。也不知道是不是学校的教学水平不高，我也不知道。我只晓得我的二姑娘跟三姑娘两个人呐，她们学分数呀，我来出几个题，她们一抹黑。她们就没搞清楚那个，这是老师的问题还是学生的问题我也没搞懂。那时候我屋里一堆烂摊子，没有精力管她们。当补的补，当洗的洗，当下田要下田，猪子要喂，羊子要喂，我还要喂水牛，我一个女同志在屋头还喂水牛，给生产队喂的，我就没有精力管她们学习。

6. 良好家风

孩子们现在都在种田。但是呢，我的几个娃都是品德特别好的人，现在她们对生活都比较满意。一是品德好，再一个呢都蛮勤俭。那为什么说品德好呢？一二十年前，我二姑娘捡到一个包，里头全部都是记账的条子，还有一条烟。实际上不是她捡的，是她公公捡的，公公拿起来看，我二姑娘就跑过去一看，哇，那么多记账条子。二姑娘说：爹，那个事情你不能充公呢，她说那个人跟我的爸爸是一个单位，她说捡那个包呢你给我，我问爸爸他现在在哪里。最后那个人就回转来了呀，哎，那我那个姑娘呢就一直等。她就连忙喊了，喊昌国叔，你是不是来找东西呀，他说是的。她说我的爹捡起的，在哪里捡的。她公公当时就要把那个烟拿走的，她就说不能拿。最后说还有一坨茶叶，估计在哪个转弯的地方甩掉了的，那儿又不是平地，那个路是石头的，不是现在的柏油路。都镇湾去庄溪那个马路还是石头垫的，就在那个弯甩掉了的，总之就甩到那里。丢包的叔叔说，姑娘，今天不是你捡着我要进监狱的。因为那些记账条子都是公家的，那是要赔的，那个时候那个条子值六万多。六万多，那个时候是天文数字。他就给我姑娘三十块钱，我姑娘一分钱都没要。

我三姑娘前年从长阳回家，到庄溪，也在半路上捡到一个钱包。当时，我三姑娘乘坐的那个摩托车的师傅把钱一拿，把包甩了。我三姑娘说不行，这个包不能甩，里头有卡，有身份证，还有记账条子。摩托车师傅就说，四百块钱一拿呀，其他扔了。我三姑娘说不能丢。到庄溪，当时我也在庄溪，她就跟我说她今天捡了一个包。我问是哪里的，她说里头有身份证。我说你看身份证是哪里。一看是大堰的，我说那你就送，要不就交派出所。派出所关门了，因为是在下午四点多钟，那个派出所的人有的已经要出发去别处出差了，门锁着。庄溪派出所不行，我说那就只有找。最后他们就喊了一辆摩托，专门加的一箱油，然后就顺着那个身份证找，一直找到大堰，到大堰乡政府那里。乡政府那里也关门啦。就沿路走，拿着身份证问，大概一直到晚上十点钟才找着。找到丢失包的人他家里去了。他家只有一个妈在家。老妈就说她的儿子在黄家塘上了门的，黄家塘是另一个村子。他的妈又跟他的儿子打电话，问现在在哪里，他就说在武落钟离山，在打工，武落钟离山在都镇湾那边。问他你今天在干什么，他就说，我到庄溪办事，把钱包丢了。他的妈才说有人给你把钱包捡着了，送到我家里来了，问你能不能回来，他说这时没得车了。我的三姑娘说，跟他说叫他在三岔路等着，我们在三岔路交给他行不行？他的妈说那行。他的妈又给他打电话："你在三岔路，在那里等着，他们转来交给你。"我三姑娘在三岔路把钱包交给他了。他要把四百块钱给我三姑娘。我三姑娘说我不要你一分钱，只要你把你东西得到了心里满意了就行了。只要你没说我们倒把你的东西拿起走了就行了。最后他说钱包里什么都没少。他坚持要给钱，我三姑娘说，只要加一箱油的油钱。这样，那个摩托车师傅拿了两百。我姑娘一分钱都不要。全部搞完回到自己家，深夜里两点多钟才睡觉，你说为了那个钱包花了好多时间？

我就是告诉孩子们，不占人家的便宜，人就是要直，不贪污不乱用，我们没得什么贪污。像我跟他爸给孩子们用钱，用来做什么事，明明只用三十块钱，我给你拿一百块钱，那么剩下的七十块钱你就必须拿回来给我。就是做人要光明磊落，做事要让人放心。

7. 与非物质文化遗产相遇

我一生就没怕过困难，最难的我不怕，最苦的我也不怕，我就是怕思想压力。但是从非物质文化遗产拯救这个事情开始，我老伴蛮支持我，这个顾虑没得了，我有一个好老伴。

2010 年，我就拿到县级传承人证书，2010 年的 9 月份我就拿到了宜昌市市级传承人证书，2012 年 6 月我就拿到省级证书，那证明我还是下了功夫，证明家里成员都支持我，不支持我就走不到这一步。传承人评定中，都比较顺利，只是当时拿到县级证书以后，我们作为传承人呢，县里就组织起来，大家跟着我讲故事，我们来把故事搞好吧，来把我们十五溪搞起来。老年人死了呀，人死事失传。很多老人都不记得故事了，不愿意讲，我最后一想呢，走学校，进学校去。这一下就把学校搞红了起来，我心里也满意了。学校呢不仅是县的基地，而且是湖北省的基地。这样，我也更加放心了。去年和前年，我最大的心愿就像学生想考个大学一样，我想拿个国家级呀。当年他们把我带到武汉去，就是去领湖北省省级传承人的证书。我特别羡慕那个孙家香，她是国家级非物质文化遗产传承人，她被通知到中南海领证书，去北京领。但是她没有去，她侄儿子去的，就是城里的肖国松老师去的。领证书时她已经七十几了，那七八十岁了，死的时候九十几了。20 世纪 90 年代开始有人来调查这个非物质文化遗产，就是因为快失传了要挽救，从那个时候起才开始，那她是第一批。刘泽刚他们是第二批。

我原来想的，如果我那本书出版了，我就做十块钱一本卖了，卖着几个钱我就想为门口修那座桥添一份力量。我们周围的凑钱准备一起修，凑了估计还差点，我就把那个书一卖，就把钱全部捐给这座桥。书总是没有出版，桥就修不好。我那时天天愁。好在政府去年就把桥修好了。那我又掉了一个疙瘩（心事）了。我后来就又想，如果我书能够出版，这个钱就捐赠到学校里去。

（二）最重要的人生事件

回顾以前，现在觉得有几件最重要的事，影响我的成长，也成为最深刻的人生记忆。

1. 为老伴治病

我最难忘的事，是我的老伴住院。那一年他六十八岁，我只有六十一岁。他得了前列腺肥大，把输尿管全部阻塞，阻塞了呢就是排尿排不出来。嗯，一到晚上呀，就行坐不安。我说你今天无论如何要听我的，我们到庄溪住院去。他说我不去，我六十八了我能死了。我心里一想呀，我说你一死谁来支持我呢，你不能死。我说你记住一点，今天呢你立刻回我的话，这会天还没黑，我说你答应我，我喊个车行不行。他说，不行，说不行就不行，死就死。我说最痛苦的时候还在后面，我说这会儿你还能憋得住还能站着还能走，你再坚持三个时辰，然后你要趴着爬着。我说，到那个时候我帮不到半点忙，我给你分不到半点忧，我只能远远地陪着你。看到天已经黑了他才答应。我连忙跟庄溪医院联系，我就跟张院长说，我说你还在家里没有，电话是他夫人接的，我就连忙问他夫人说，我说张医生现在哪里去了，她说他在手术室里，她问你们怎么了呀，我说我的老伴排不出尿来，今天一天没排尿了，我说那到晚上就要死人了，想请张院长给我帮个忙呀，你那还有救护车没得?请救护车马上过来，我要救人。她连忙就跟她丈夫打电话。她丈夫在手术室里做手术。他就连忙接电话呀，他把情况一了解，他说快点租个摩托车。我说租摩托车就不用找你了，坐摩托车颠了还死得快些。我说租摩托车就不用出这个门了。用救护车呢，可能还救着一条命。医生特别好，他就连忙在街上给我联系。他给我回话说，他们的救护车送病人下城里去了，他在街上给我喊个车行不行。我说行。他说那四十块钱。我说就是四百块钱也行，今天要救命呀。等车到庄溪，开进住院部后面的场地里，下车只过一座桥就到住院部里面，上七楼刚好到手术室里。一去那他们已经准备好了。去了就到那个急救室里那个手术台上，抽了一脸盆尿出来了。

我在想，那还在汽车上颠得，摩托车怎么颠得呢？那一颠那个膀胱一炸那不就完了？尿一排，人就好多了。第三天，宜昌来的专家给他做手术。当时特别特别的穷，别人说要封一千两千的红包，我封个四百块钱的红包。当时那个专家硬不要，我只差给他跪下了，他才接起了，手术做完了，又原样还给我。他说这时候你放心了吧，就把那个四百块钱还给我了。我们到医院那里二十几天才回来的。总算度过了人生的一大灾。当时横直一条心，就是要把他救活。救活了我就说你就是什么都不用做，你就坐在那里都行，只要是个人坐在那里，那我觉得就是幸福的。到现在，我说你要不听我的话，山上（墓地）的树要那么粗了。你看现在我不管怎么做，他都支持我，如果没得这个人呢，我经济从哪里来呀！他精神上也支持我，从经济上也支持我。我一般的像搞那个小型的故事会，用的是政府给我打的老年生活补贴的钱。像你们来，我就给我的姑娘三百块钱，让她给我买点什么，好招待你们，那都是我的钱。

2. 中年丧子之痛

我还有个儿子，是 1979 年 10 月 10 日生的。那个儿子特别的乖，他最后也是六年级毕业。毕业了，他就想学艺。我说你暂时不学艺，我说你还小，现在的孩子十几岁都还在玩。他说妈你还不准我学个艺，你和爸爸能养活我一辈子？我说好，那就去学艺去。他跟师傅学打砖。哎，那打砖就很辛苦了。只有掌握那个机器的工作轻松点，人家把混凝土混好了，放在那个模子里，一切一烤就出来了。他就去端，一端就是几块呢。两块砖就是五十几斤，一块大的就有二十多斤。你算算，一个十几岁的娃娃干一天就起不来。还要装沙、拌沙，拌了要往那个模子里放。烧了几年呐，就不烧了，太累了。他说去学搞副食，还要下清江河淘芝麻。我想那太危险了，年龄只有那么大，因为太年轻了，只有十几岁，十五六七岁。他还是坚持去搞了几个月。儿子特别懂事，做副食有能力。有一天他说："妈，你生日我给你做个大蛋糕回来。"后来，他又学做瓦匠，砌房子，师傅家还蛮远的呢。他跟着师傅修房子，修得蛮好，但是，别人就说师傅还比不过那个徒弟，说他砌得好师傅砌得差，把那个师傅还一哈搞吃醋了，师傅就把他安排到阳沟后面砌，面墙不要他砌了。他跟着做了几年瓦匠，他大姐造的屋那个刷的粉刷还是他一个人刷出来的。他们在外做了工回来，就说，我一个人搞都可以。姐姐们出了嫁，大姑娘、二姑娘、三姑娘、四姑娘都出了嫁。就只有他跟我和老伴三个在屋头。我在门口做事，他看到我做事也连忙下田干活，搞一会呢，说："妈，饿了，我们回家弄饭吃吧。"他回去就做饭，做好就叫他爸和我吃，他是我最舍不得的一个，实在太灵动了，又聪明又乖。我四个女儿都没有我这个儿子勤快。他出事之后，我不相信，有个把月，我一直觉得他没有死。上天要保佑呀，我们一生不害人，应当上天有眼睛。每次下雨打雷，我说那个雷把他打活吧。我的老伴也流眼泪。二十岁的青春年华。他说我还要娶个媳妇。没想到，二十岁没过几天，他是 6 月 17 日那天，天气太热，喝了点酒，就下河，再也没有起来。

从那以后，我们家就经常来人，也有外面来的人，他们说看着大妈心情不愉快，就劝我。还有呢，我不能死，我的老伴还在，我要陪伴他。但是从那个时候起，我一直睡不着，开始失眠。眼前就一幕一幕的，跟电影一样在放映。到现在还是失眠，一直忘不掉。最后也是讲故事让我走出了阴影。最后一想呢，我也不孤单，很多同学来，他们就一口一个奶奶叫我。我往外面一走，一去学校，他们都这样叫我。人都跟我打招呼。我觉得我不孤单，我觉得现在心里要搞平衡，现在我已经从儿子去世的阴影中走出来了，就是要把故事搞好，现在我还有能力，我尽我的能力来。

我的收入就是靠我老伴的退休工资，还有老年艺人生活困难补助。去年腊月，省里给我打了五千块钱老年艺人困难补助。我每个月还有七十块钱养老金。还有呢，就是雅妮的爸爸打工，我们现在住在一起。我的老伴去年调工资，涨了钱。我们能给孩儿们减轻负担，就尽量减。我们每年给外孙女雅妮节约一万块钱的生活费，是我们的计划。我们也没有多的钱，要生活，老伴还要吃药，他别的还好，就是胃疼，药不离身。

（三）朴实和谐的婚姻

我从事劳动，蛮认真。不管干什么活，从来不要人家监督。交给我的事，我都圆满地完成。有天公社通知去茅坪开会，他们认为我呢，多少认点字，有知识，就推荐我去开会。我喜出望外，开会也可以学知识。我就把吃的苞谷面、穿的衣服备好。到了之后，白天听报告，晚上讨论。一天呢，公社书记叫我，说我哥哥给我送苞谷面来了，我真的以为是我哥哥来了，连忙跑去。一看，大路那边一个人站得像个铁塔一样，我也不认识。他就对我说："你来开会呀？"大概就是第一次见面吧，散会之后就一起回了家。

认识他之前，听说他就在山上，和我们这儿就是一个大队的，二十多岁，大我七岁。我和他一道走，他就在路上问我，你看过这个电影没？你看过那个电影没？我们埋头走，一边走，一边讲，从那条小路走，走到半路上，看到要分手了，他要回上石岭，我也要回家了，他就递给我一支钢笔，我没有要，就甩给他了。他跟我们大队书记两个人是一个生产队。书记就来给我们俩做媒人。当时认为是书记做媒人的，就觉得这个人肯定很可靠。因为我是个残疾人，那个时候就差不多是残废，我就说，找一个是当兵的，就是说忠诚可靠的，我说相貌差一点，那都不要紧，就是要有点耐心。后来成家了，我时常问他，我说：你后悔吧？他说，很好，没什么后悔的。他说，你后悔吗？我犟气说，我后悔。

第一次见面后，就各自回家了。他就回家跟他妈说，自己还有个婆婆，还有弟弟妹妹，而我呢，就只有爹和妈，那不说了。过了几天，我的妈就说，还是让他们看看，到家里去看看。那个时候，我就和我的嫂子，跟她两个人去看。他家就一大间屋子，是草屋，那个时候是沙皮屋，一截草皮，一截沙皮。还有石栏杆。三间正屋，一间中间的屋子待客，再有就是有一间灶房。那个时候他就是有一个妈，一个婆婆，一个大弟弟，一个二弟弟，还有一个幺弟弟，还有一个妹妹，他那个妹妹很优秀。去看了就回来了，那是冬月间，我们腊月间就把结婚证领了，第二年正月初一就结婚了，闪电速。我说现在有的谈几年，最后结了婚呐，还是散了，我说我们搞的闪电战术到现在还在一起。

当时很简单，什么都不要，但婚宴还是办了的，那亲戚都还要来呀，就是老两口也想一不做生呀，二不做寿呀，结婚那还是整了好几桌。前年我们这里接别处的姑娘呢要拿好多钱的彩礼，我们长阳的不要钱，倒搭陪嫁。我们的姑娘是第一次见面，连“打发钱”都不要，就是见面礼都不要。

（四）民间故事传承特点

在学校里做故事传承，我们一个阶段一个阶段地做，都是这么学的。这学校的学生会讲故事、画故事，用图画将它画下来，而且还能演故事，他们演，搞些小品来演故事。长阳电视台有个节目，专门讲故事的，今年电视台三个单位合并了，故事没有弄了。长阳电视台合并后，原来经常组织故事的小刘，他去搞网络去了。前几天有个活动，我就给小刘打电话，我说，你们电视台来不来？他说，不了解。后来，给非遗中心张主任打电话，他说文化体育局和电视广播分开，就把故事节目删了。其实看的人还是很多，都蛮喜欢的，还问我们故事节目怎么没有了。他们这么说要搞合成需要蛮多的资金，但资金搞不来。他们说要在地方上搞故事、采访，有素材了才能放。

我们九月九搞活动。我们也唱，也有音乐，就是拉胡琴，吹笛子。我们先前讲个故事，他们来采访过，后来，我说，可以组织些人编一点舞蹈，现在搞起十几个。舞都是自学的，基本上都是跟电视上学。后来，还参加过比赛，它要求又不同，要求变队形，才能打多少多少分。还要有男同志，才能给你加分，再呢，就是要你化妆，要服装统一。但是我们文体局没有给我们办文件，所以呢，我们没有拿到奖，我们只拿了纪念奖。我七十一岁了，还上了台，就是没有领导，没人知道，大队干部，宣传委员没有看到过，就是我们自己自发组织的。

现在就是没有地方，我们村委会不行，没有广场。今年九月九我就想再搞个活动，搞个故事会。老伴蛮支持我搞活动的，我没了经费，我说给我赞助点，他说，好，给你赞助，只当打牌打输了，给。我第一年搞活动，十一桌。这是第一年，第二年也只有六桌，林教授到我们这里来，那每天中午就有四桌，那就有讲故事的，有听故事的。还有学生，学生十几个，有两个老师。再就是周围来听故事的，再就是三四个讲故事的，进行了十天。他们很支持，相比以前还是可以，他们评价我们电视台的故事栏目搞得好，他们也都问为什么现在故事栏目不播了。

评价也不错，有人说，我好像在哪里见过你，是在电视上。他一看到我就说，你是那个讲故事的婆婆么。我们原来八百人讲故事，现在实地了解，很少有人讲故事，喜欢讲故事的都是些年龄大的，年轻人不喜欢讲，他们故事会也不参加。我们每年九月九故事会都是些老人参加。我为什么去学校讲故事呢？这也是我的一个想法，就是想让小娃娃们从小养成讲故事的习惯。故事是在每一个人的身边发生的，是要收集，综合。现在办故事大会的时候，四年级的学生也有参加。每年他们三个班各派三个代表过来，再呢，有老师代表和学校的领导过来。再呢，他们搞春游，办故事采风，到村里碰到谁，就邀请他来讲故事。

我们也会去学校向学生们传授故事，一般没有固定时间。学校要搞活动就给我们打电话，一般定的是上半年有一个艺术节，下半年有一个艺术节；一个夏季的，一个冬季的。形式是我讲一个，把筷子一放，另外一个人接着开始讲，后来的人依次轮流讲故事，蛮自由的。从 2011 年拿到市级的都镇湾民间故事传承人以后，陆陆续续有大学生，社科院的，还有记者来采访。我们是第三批传承人。我想单独分一个屋子出来用作故事讲堂。不只是我，像谢邦忠、刘泽刚，他们每讲一次故事，都给他们留一张活动现场照片，挂在故事讲堂里面，这样他们什么时候讲故事了，别人一看一目了然。

我去年把自己老年人生活补贴拿出来，买了九个开水瓶，奖励给那几个经常讲故事的。再呢，教我们跳广场舞的老师，给她一个，我们经常在她家，茶水都是她提供的。我跟书记说，我们也不要你们的经济支持，什么事都不要你们搞，只要我们办活动的时候，你们来到我们村子来出席一下，就说明你们关心我们。我就想，在过去那么困难，我都过来了，我就把那个补助拿出来。办过三回故事会，村委会出过一回钱，大家集体出过一回钱，我自己出过一回钱，大概两千块。

【调研附记】

刘为芬以自己坎坷而丰富的人生体验为基石，积极推动都镇湾故事的传承与传播。惩恶扬善、踏实做人、勤奋劳动、敬老感恩等，是刘为芬讲述故事的核心主题。故事的力量，从刘为芬刻骨铭心的病痛、灾难中得以呈现，传统知识与生存经验的文化传承，将她的人生信念和助人为乐的品格形象化为故事材料，最终提炼为生命智慧、生存意志和生活达观主义的价值诉求。人生不易，传统有力，唯有把故事传承下来，我们才能明确故事的地方性传统与普遍意义。

专题二

传统美术类非遗个体传承人口述志

湖北省传统美术类国家级非物质文化遗产代表性项目共有14项，即：孝感雕花剪纸、鄂州雕花剪纸、仙桃雕花剪纸、黄梅挑花、大冶石雕、绿松石雕、武汉木雕船模、通山木雕、老河口木版年画、麦秆剪贴、汉绣、红安绣活、阳新布贴、天门糖塑等，其中，剪纸类项目3项，雕刻类4项，刺绣类3项，贴艺类2项，年画类1项，塑像类1项。梳理湖北省传统美术类非遗传承人口述志研究的学术史，未见直接的传承人口述志研究。究其原因，一方面是非遗传承人研究还没有受到重视，口述志研究更少；另一方面则是非遗研究目前的现状，还是倾向于项目保护与实践转化两个角度。基于此，我们将口述史调查上升为口述志研究，强调非遗传承人具有更为关键的非遗保护地位，从方法论提炼为主体论，从工具发掘转型为学术对象，进而呈现出立体的、人性化的非遗传承人形态，揭示出传承人在建构传统生活方式与审美世界中的独特价值。

一方面，传统美术类非遗传承人的当代文化实践有着更重要的价值和意义。由于他们所掌握的项目内容与现实生活有着非常亲近的关系，有很多项目还在人们的日常经验中保持着鲜活的印象，如年画，至今在我们最盛大的年俗活动中还有着强大的影响力，人们还会把年画与我们的团圆理想、幸福观念和一系列年俗活动关联起来，年画的传统意义被我们高度认同，年画的当代价值也被我们不断建构起来。因此，传统美术类非遗传承人站在离我们时代非常近的位置，虽然是传统艺术，却有着比较好的当代身份认同。另一方面，非遗资源的文创转化正在成为这个时代的重要文化形态，传统美术所具有的本土设计智慧与审美个性，为当代生活的审美表达、创造性艺术设计带来积极影响。在此背景下，传统美术类非遗传承人可以深入当代生活，将民族传统资源中独特的设计理念、多样的艺术符号、深邃的情感价值，融入当代世界的创建之中，自然中和、乐观进取、开放包容的中华文化传统得以继承与弘扬，中华文化情感得以培育，中华文化认同与中华文化自信由之逐步得以落实。

一、马又甫口述志[①]

【人物信息】

马又甫，又名马佑谱，1950年6月29日生，湖北省仙桃市[②]长埫口镇何坝村四组人。马又甫出身剪纸世家，自幼跟随其父马成清（又名马承清）学习雕花剪纸。1973年，他被父亲带入沔阳雕花剪纸工艺社当学徒。1977年，马又甫拜国画大师张思朗为师，学习工笔国画。1978年，马又甫跟随父亲在下查埠办剪纸厂，他们加工、创作的剪纸，经著名剪纸艺术家蒋在谱之手出口国外。2006年，马又甫接收长埫口镇朱湾村女学生汤舒嵋为徒。2008年10月，马又甫被授予“湖北省工艺美术名人”称号，是“湖北省著名剪纸艺术家”，2011年4月，马又甫受长埫口显东小学聘请，在显东小学开办为期一个月的“剪纸艺术班”，他的剪纸生涯已有40多年，至今依旧没有停止。

挽起裤腿，走向田地，他就是个农民；背着箱子，走街串巷，给人画肖像画，他就是个画匠；走上讲台，跟孩子们讲剪纸，他是个神采奕奕的传承人；拿起刻刀，在他简陋的工作室里埋头雕花，他又成了一个剪纸大师，他的人生丰富而精彩。

---

① 调研小组组长为赵佳敏，组员为郑爽、陈洁、朱磊磊。调研时间：2015年7月12—18日，调研地点：湖北省仙桃市沔街工美楼、仙桃市长埫口镇何坝村、仙桃市长埫口镇文化站和群众艺术馆。调研对象：马又甫、他妻子、儿子、徒弟、同行、邻居和工美楼经理。

② 湖北仙桃市，原沔阳县，1986年沔阳撤县建市，正式更名为仙桃。

（一）口述生活史

1. 从我的姓名说起

到了我们长端口何坝村，你随便找个人问“你们村是不是有个搞画像、照相、剪纸的”，他就会知道：“哦，你找的是马又甫！”

对啰，我就是马又甫，我家里有四个兄弟，我是最小的。按常理，我们四兄弟应该都姓“马”，但是，我当兵的二哥姓“罗”。我曾祖父做了上门女婿，曾祖母姓“罗”，生了孩子就要跟女方姓“罗”。到我父亲那一代已经到了三代，有个说法叫“三代归宗”，所以从我们兄弟这一代起，就又姓“马”。但是，我二哥（最初也姓“马”）在小时候多病不顺，为了让他平安健康地长大，家里出于迷信，就给二哥改回“罗”姓。我和其他几个兄弟还是姓“马”。

再说我的大名，也是我的乳名，叫“又甫”（佑谱），这又是什么来头呢？首先，我的三个哥哥的名字里都带有“甫”（谱）字。在生了三个男孩之后，我的母亲很想要一个女儿。所以，在我出生后，就有人问她：“孩子是男是女呀？”我的母亲回答说：“又（是）一个‘甫’（谱）。”这就是我名字“又甫”（佑谱）的来由。又因按家谱排辈“祖”字，我也叫“祖佑”（家谱上记录的也是这个名字）。

2. 童年二三事

我出生在 1950 年，是家里面最小的孩子，上面还有三个哥哥。我大哥二哥都去世得早，三哥身体也不是很好，而我小的时候，更是体弱多病。我当时很瘦小，个头比同龄小孩子都要小，没有力气干活，不能经常跟随父母参加集体劳动，只能是捡一些枯草，烧火做饭用，或者去地里捡一些麦子回来喂鸡喂鸭，做一些比较轻的活儿。

在我的童年时期，全家一起住在老房子里，当时除了大哥结婚分了家，不和我们一起住，没有结婚的几个兄弟都住在一起。那个房子有大概 8 米或 9 米长，7 米宽，60 平方米左右，还是比较拥挤的。因为没地方住，我有时候都只能住在知青的家里，人家家里来人了，我又没有地方住了，怎么办呢，只能住在大桥的底下。

那时候，我父亲在家搞剪纸，经常会去赶集卖剪纸，所以挣来的也都是活钱，卖一份挣一份的钱，日子也还算过得去。但是，因为我小的时候体弱多病，胆子很小，不太能见生人，一见生人就浑身起鸡皮疙瘩，有时候还全身发紫，所以基本上都没有跟随父亲去过集市上，只能和别的孩子在村子里玩。那个时候玩的没有现在这么多，都是很简单的玩具，我到现在还能想起几个游戏来。有“板炮”，用“板炮”往地上摔，炸开的坑最大的人就是赢的人；还有弹弹珠；还有“版 pia”，是一个三角形的纸片，有点类似现在的小孩子玩的扇纸牌，用自己手中的三角形纸片将对方的纸片扇得翻过去即为胜利。我对“版 pia”很感兴趣，知道很多取胜的技巧和诀窍，这也是我玩得最好的一种游戏，我可以赢很多的纸片，然后做成飞机连成一长串，挂在房屋上，防止别的小孩子偷走。

说到童谣，这也是我童年的一个美好的回忆。几乎所有的小孩子都能随口唱出几句：“月亮哥，跟我走，一走走到南京口，南京口，人又多……”这在当时是一首非常脍炙人口的童谣，基本上每到晚饭过后，家家户户的小孩都会出来玩要，边玩嘴里边唱着。

我小的时候也有几位玩得很好的同伴，其中有一位叫邓德祥，最让我感到他与其他同伴不同的是：他不仅可以和我玩要，还可以跟我谈心，跟我一起畅想未来……他和我是志同道合的朋友，现在我们两个人还保持着密切的联系。

3. 英雄自幼多苦难

有句老话叫“英雄自幼多苦难”。我现在也六十多岁了，这辈子恐怕也当不成什么大英雄了，但是自小受的苦，遭的罪，那就多了。这是为什么呢？我的个子很矮小。我从小一直到二十岁左右，都经常生病，各种奇怪的病都得过。

我刚出生的时候，我母亲是村里的妇女主任，工作非常繁忙。白天，家里的人都出去做事去了，母亲就把我放到家中一个竹篾做成的摇篮中间，摇篮的两头都各有一个很大的破洞。我就在那个摇篮里睡了一个月。后来有一次（我母亲讲给我听的），我睡醒后，从破摇篮一头的大洞掉了出去，摔在地上了，当时家里一个人都没有。因为新生的婴儿身上一般都有股奶味儿，结果就招引来了一大群蚂蚁。我母亲回家后，发现地上浑身爬满蚂蚁的我，当场心疼得声泪俱下。她觉得不能再继续这样下去了，辞去了妇女主任的工作，回家照顾幼小的我。

后来到了 1954 年，我四岁的时候，整个沔阳县（今仙桃市）大小村落普降暴雨引发大水，何坝村很多地方都被淹没了，我们一家被迫转移到了一个地势比较高的地方暂住。当时家里几乎都没有吃的，再加上身体素质差，我就又生病了，身体拉血，躺在床上都不能动弹。到了九岁那年，因为之前遭遇了太多的病痛，我的胆子变得很小，见到生人就直“打猛子”（打战），然后胳膊呀，浑身各处会发红发紫、肌肉僵硬。那时的我身体很脆弱，夜里睡觉有时身子还会不知不觉地全部麻木、瘫痪。到了十岁，我身体好了些许，就开始上小学一年级。我虽然身体多病，但头脑很聪明，接受能力强，学习学得比较快，语文的拼音一学就会。十二岁那年，我上三年级，脑袋后边莫名其妙长了一个拳头大的包，进了医院，在没有任何麻药麻醉的情况下，我硬是咬牙忍痛割掉了那个包，现在后脑勺上还有一个近两厘米长的刀疤。十五岁，年纪轻轻的我又患上了全身的关节炎，十几岁这正是少年长身体的时候，我遇上了这样的病痛，没办法长身体，之后就很难再长高了。那时候，我几乎天天早上都要去家里大门的门槛上躺一会儿，家里的人都不知道为什么。其实，我那是在量自己的个子，门槛有一米五长，我做梦都想长到跟门槛一样长。

十八岁我患上了偏头痛，二十岁的时候，突然患上了出血热，生命几乎是危在旦夕。经历这场大病后，我全身的血液都被换过了，身体终于开始慢慢康复，之后我就很少生病了。

4. 坎坷艰辛求学路

我喜欢读书，在小学期间大都是班里的班长，学习成绩也很好。读完小学，我很渴望能继续读初中。但是这条求学之路充满了艰辛和坎坷。

这话得从老远说起，我们老马家实际上是在 1950 年从距离何坝村三十里远的沔阳县马滩村搬迁过来的，所以那时何坝村四组只有我家这一户姓马的。当时，上初中实行的是“贫下中农推荐制”，而村中其他姓氏的家族都很团结，作为独户的我们老马家就被孤立了。因此，村中的人忽略了我在学校里优异的成绩和作为班长的种种贡献，使我失去了上初中的机会。但我是一个很爱学习的人，拼了命地想要读书。从小没有离开过家的我为了读书，和同班的学习委员等人徒步一百多里去了仙桃的六合镇求学。那里有一个耕读学校，在那里读书，要种半年地，读半年书。对于我来说，只要可以读书，种地不算什么。

初到六合镇，四处无援的我们就找到了当初从何坝村搬到六合镇的村干部李书记。李书记刚搬去六合镇，家庭条件也不好，房子也很小，连睡觉的地方都没有，我们五人，就睡在厨房里一个用土坯做成的柴火池子里，把柴火推开，铺上一层被子就是床。

后来李书记告诉我们，家乡也建立了一个耕读学校，我和同学们欣喜若狂。当时，很多人都抱怨耕读学校的学习条件差，可是我认为，学文化这件事情，不管在哪个地方，只要能读书，都是一样的能成才。老师都是正规的老师，都是拿国家工资的老师，还有很多从小学调来的熟悉的老师，关键的是自己要好好学习。

5. 良居何其多，老马数搬迁

人们熟悉的“孟母三迁”是孟子的母亲为了孩子的成长而多次搬家，而我们老马家是为了生活而多次搬迁。最初我们家是在仙桃市长埫口镇马滩村（相距何坝村三十里），因为那里的田地太少，我家的弟兄比较多，地儿少没地方住，粮食少没东西吃，于是就搬迁了。

在 1950 年，恰逢我出生那年，马家就搬迁到同属一个镇的何坝村的一组。在当地有马家的宗亲，我家里的生活状况在当时村里算是相对较好的，但是正如老话说的“人不能有钱，有钱容易招事儿”。那时呢，马家的宗亲里出了一个“瘾君子”，他为了吸鸦片就把我家很多值钱的东西都偷走了，拿去卖，换钱后再去买鸦片。后来的一次，他甚至偷走了我家一张贵重的金檀木做的八仙桌，桌面上绘有手持各式各样的乐器或兵器的何仙姑、蓝采和、吕洞宾等惟妙惟肖、活灵活现的八仙。“瘾君子”接连不断地上我家偷盗。最后，家里稍微值点钱的东西几乎都被他偷完了。没有办法，我的父亲只好下决心再次搬家。

于是，我们家就从何坝一组搬到何坝二组（土改时是三组，后合并到了二组）。那时，我有四兄弟，人口多，但当时的社会生产水平低下，家里收获的粮食少。再加上之前的被偷盗事件，家里的生活很困难，从小营养不良，所以我的个子长得很小。我们兄弟四个没有饭吃，就在别人家吃饭的时候，站到人家门口，想讨点东西吃，但是人家不给，何其凄苦。有时候，即使家里有米做饭，也很难有下饭的菜。当时我的父亲在外面奔波劳碌，卖剪纸做生意，他好喝点小酒、吃点花生米，时常会把喝酒剩下的花生米带回家，我们兄弟几个就用花生米拌稀饭吃。我的母亲心灵手巧，她擅长刺绣，很会做衣服，经常靠这门手艺补贴家用，就这样养大了我们兄弟四人。后来也是因为家里贫困，我家又搬了一次家，最后在何坝村四组定居至今。

6. 爱情婚姻与家庭

（1）初恋

我初中的时候，有一个同班的女同学长得特别漂亮，她参加了我当时所在的宣传队，她装扮的“江姐”十分形象，并且别有一番韵味。当时，我在宣传队拉胡琴，不仅胡琴表演得好，而且还会天门花鼓，虽然唱得并没有很好，但基本上曲谱都是懂的，这位女生十分佩服我。经过一段时间的相处和合作，我们发展成了恋爱关系，这也是我的初恋。

虽然当时我们家庭环境相差悬殊，但是这并没有阻止我们的相恋。对待感情，我始终是抱着十分认真的态度，不管能不能谈好，都一定要付出真感情。可是实在是生活所迫，家里面兄弟四个人，没有自己的房子，为了腾出房子让哥哥们娶媳妇，自己只能在知识青年家中借住，甚至有时候只能在村里的大桥底下睡觉，而父亲又是从事剪纸的行业，在特殊时期受到重创，作品基本上都被烧掉了，更使家里陷入了一贫如洗的地步。而学校的情况更是糟糕：我们之间的恋情在学校被广泛散播，甚至有同学在男女厕所的墙上写满了我们的名字，校长得知后非常气愤，惩罚我们去打扫厕所。我思前想后，担心一传十、十传百被家里老人知道了造成不好的影响，于是忍痛与她分手。

家庭的悬殊成为横在我们之间的一条不可逾越的鸿沟，我们的爱情在残酷的现实面前最终只能终止。对于她，我的心情很复杂，这段恋情对我的人生产生了很大的影响，随后的几次恋爱中甚至都会把她作为参照的标准，来选择交往对象。

（2）相亲结婚

首先，是我为什么能相亲找对象了呢？家里后来渐渐有了钱，起（建）了房子，我呢嘴巴比较甜，能说会道，又擅长照相、画像，以及剪纸、扎跑马灯等等各种手工艺。我生活中也比较简朴，从不大手大脚花钱，不失为一个既能挣钱又能攒钱的勤俭持家的好男人。唯一的缺陷就是我的个子长得比较矮，所以（为了后代）我真心想找到一个个子高大、性格开朗、阳光善良，能给我当家的好女人。

相亲相到最后，我遇到了最好的她，她是我的第十个相亲对象，也是最后一个，几十年风风雨雨都一起走过来了，遇上她、娶了她，我应是此生无憾了。

她的个子很高，有 172 公分，比我高了 20 公分还多，有人觉得我太矮了，但这个姑娘不在意，觉得我是个有本事的人，我的这个手艺，一般人夺不去，学好了就丢不了，所以也还是同意和我见面。姑娘的母亲也觉得我们俩可以在一起过好日子，而且姑娘到了我家之后还可以当家，掌管整个家，而我又对家里这些事情向来是没有什么兴趣的。

于是我们就在 1978 年 4 月订婚了，当时，我还买了好多喜糖，我在工艺厂和办厂的村里面发了喜糖。订婚后，很快，1978 年农历十月初四我们就结了婚。婚礼当天按照规矩去迎娶新娘，但是因为经济条件不允许，没有婚车，新娘子和迎亲队伍只能步行三四里路。

我和爱人的关系非常稳定，生活非常幸福，关系非常好，基本上从来不发生冲突，除了在剪纸上她不支持我，这个方面我们发生过一些口角。在她看来，剪纸带来的效益实在太少，既浪费时间又没有收获，每次获奖也只有证书而没有奖金。2006年的一天我们再次发生了口角，这也是最严重的一次，也是我最愧疚的一次。那天，一怒之下，爱人将我的作品烧了不少。看着从创作构思到剪纸刻画都倾注了自己大量心血的作品毁于一旦，我也十分生气，很不客气地与爱人打了起来。扭打之余，不幸发生了：爱人从楼梯上滚了下去，担心她撞到墙上，我急忙伸手拽住她，没想到一起顺着楼梯滚了下去，我的手臂受了伤，腿也骨折了，至今还有三块钢片在腿中没有取出。从那以后，我渐渐地开始理解爱人，的的确确是因为剪纸，我没有帮上她的忙，带孩子，干农活，都是她一个人忙里忙外，十分辛苦。同样地，爱人也开始理解我，虽然还是不支持我的剪纸，但是再也没有这么强烈地反对过了。

（3）家庭

在我和妻子结婚后的第二年，我们就有了第一个孩子。我的大女儿出生于1979年9月26日，她于2003年结婚。二女儿出生于1983年5月26日，于2007年结婚。三女儿出生于1985年6月26日，于2010年结婚。四女儿出生于1987年11月26日，于2009年结婚。儿子出生于1990年11月29日，因为在家里和族谱都排老五，所以小名马五，是我最小的孩子。或许是那时我为了讨生活，整天外出给人照相，我的孩子们都不黏我，很依赖他们的母亲。

我的孩子们都蛮孝顺的。现在，我的几个女儿都有了孩子，大女儿一个儿子七岁；二女儿一个女儿六岁，一个儿子两岁；三女儿两个女儿，一个三岁，一个一岁；四女儿一个儿子三岁。儿子现在和二姐一起做生意，开了一家打字复印店。大女儿开了一个杂货店，但两个店在一起。三女儿在上初中的时候患夜游症，治好之后就没有上学了，但口才很棒，写字也很好。之前是酒店的大堂经理，后来有了两个孩子，孩子太小，要带孩子，而且孩子只要母亲，所以现在只是在家里带孩子。四女儿现在是幼师。再说，现在家里逢年过节大家都回来的时候，家里的孩子特别多，就特别热闹。可大家一走，家里又只剩我和老伴，冷冷清清。

我的五个孩子都不是很想做剪纸，觉得赚钱太慢。二女儿现在跟着我学剪纸，而且做得不错。

7. 我的生计活儿

（1）做起国画来

从 1973 年到 1976 年，我在工厂做了三年正式的剪纸工，挣到了第一笔钱。但我并不是爱钱的人，我有我自小的理想——学画画。那时，我不想再做剪纸，想学画画，学国画。我把这个想法告诉父亲后，立马遭到了他的一顿臭骂和厉声反对，他批评我“有钱不赚，有安稳的事不做”。但是，我从小就非常喜欢画画，很想学画画。在同厂的国画师傅的精美画作吸引诱惑之下，我毅然决然地放弃了安稳美好的剪纸工作，去跟厂里的国画师傅学画画。在周围多数人不赞同的情形下，一直支持我且同样有画画爱好的二哥又一次支持、帮助了我，慷慨大方地提供了我几个月的生活费用。当时，我想从工厂的剪纸车间转到国画车间，去学习画画，做国画师傅。但是，工厂的领导因为我没有绘画基础而没有答应。于是乎，我就跟领导立下了军令状，我不要一分钱工资去学画画，我画的作品一天不能投产出口就不收一分钱的工钱。

转到国画车间后，我拜了那里的一个叫张思朗的师傅为师。拜师后，我就在厂里跟着国画师傅学画画。但一开始，厂里的领导就给了我一个下马威，他们给我安排的工作位置十分尴尬：我的办公桌前边是一排柜台，柜台一角有一扇小门，小门进去后面就是国画车间，我的桌子就在那扇小门后面。每天早上我都很早去学画画，每个上班要进来的国画师傅都跟我说“小马师傅，起来（让开）一下”，其中的难堪辛酸不言而喻。但是，我都顽强地坚持下来了，我相信只要是学习和追求自己喜欢的事物，不管前方有多少艰难险阻都可以挺过去。在学习国画的过程中，我发现了我桌子的旁边坐的是一个画像（素描）的师傅。“这是一个很好的机会”，于是乎，我就可以在学习国画的同时又能学到画像。

不久后，工艺厂接到了一家日本企业的 1800 张白鹤图的订单。这笔生意的成败关系着工厂的生死命运，厂里的领导都非常重视，隔三岔五地开会讨论并且强调一定要把这份单子做好。但是呢，在当时，领导都对刚做国画学徒的我很不看好。

记得有次会上某个领导还隐晦地说：“学国画的同志，我们国画车间不是搞慈善的，要学要做国画就要做出点成绩……”

制作生产白鹤图的任务量很大，每个国画师傅都在很努力很拼命地创作，不敢有丝毫差错。但是，最后发到日本的1000多幅作品差不多都被退回来了，不过我的作品都没有被退回。工艺厂的领导想让我修补挽救那些被退回的白鹤图。我和厂领导在一番商讨之后，仅用了四天的时间就修复了1000多张白鹤图，在挽救了工艺厂的名誉的同时也给厂子带来了巨大的经济效益。（但是后来，在厂子越办越好的情况下，工人的工资几乎是停滞不前，最后在工人毁坏所有产品并集体罢工下，厂子倒闭了。）

（2）画像和照相的那些年

我最开始的时候并不想学剪纸，觉得不是长久之计，不能稳定地保障生活的来源，不是铁饭碗。（仙桃工艺厂倒闭之后）1978年开始，我就去给人画像，以给人画像为生，我认为画像可以是一个稳定的职业。从1978年到1983年这段时间，我就背着画板走街串巷给人画像。我画像在当地是非常有名的，技术很高超。（原来已经）画了半边脸的图（让我接着画全）我也敢接，（我画的）画像的逼真度很高。但是没有想到的是，随着科技的发展，渐渐有先进的工具取代了传统的画像，这个职业也就没有继续干下去。

做到后来，有段时间画像的生意太火了，画像的速度又比较慢，所以就有一点忙不过来。这个时候就有人说，“为什么不去给人照相呢？”我受到了启发。1976年的一次偶然的机遇，我幸运地得到了一台照相机并且学到了照相技术。1983年到1990年间，我便以照相为生。在照相的同时，我也还坚持着给人画像，因为太忙了我还买了一个放大镜来帮助自己给人画像。但后来，随着傻瓜相机和手机的出现，照相变得越来越容易了，所以我再次失业了，再也不能走街串巷地给人照相了。

（3）零零碎碎的这些年

不再做照相之后，从1990年开始，我就在家里一边做农活一边做剪纸搞创作，每到下雨天、节假日，只要是不下地干活的时候，我都在家里搞剪纸创作，而不是像其他庄稼人一样，一有空就坐在牌桌上。我在做剪纸的同时，也在坚持画国画。

这么多年来，我和我的妻子一直都在勤勤恳恳地经营着我们家大概六七亩的水田和两亩菜地。我是一个实实在在的种植能手，我家地里种有黄瓜、西红柿、辣椒、豆角等各种时令蔬菜，多产味美，不仅是供应家里我们两位老人的日常需求，还供应我的四个女儿的四个家庭。我每天早上到工美楼上班，顺路都会给我的四个已经出嫁的女儿送蔬菜。我家种有六七亩水稻，每年都会给女儿们送去很多的大米。

当种植出来的蔬菜很多吃不完的时候，我就分给乡亲邻里，家家户户帮忙吃。我家周围的乡亲们都很友好，有个养鱼的邻居经常分鱼给我吃。有次这个邻居在网鱼时，渔网把很多鱼都弄伤了，他就把那些鱼都给了我。然后，我把鱼都给晒干了，可以餐餐吃，鱼很香，乡亲们想吃的都可以到我家来吃。

这些年除了在家里种田种地，我偶尔也会出去打工，挣点零花钱。在 1990 到 2013 年，我有三次去外地打工的经历，2005 年去北京做电器仓库保管，做了一年。2006 年，腿摔断刚痊愈的时候，就去了武汉中山公园打工，做了一年半。2007 年，在仙桃“科迪非”（KTV）当了一年门卫。

（二）剪纸这件事儿

1. 第一次触碰剪纸

那是一次很偶然的机会，记不太清楚是我父亲在刻剪纸途中去吃饭或是上厕所的时候，因为好奇，我小心翼翼地拿起父亲刻了一半的剪纸，继续刻起来。起初我还担心弄坏了，会惹父亲发脾气。但没想到丝毫没有引起父亲的怀疑，父亲还以为他原本的进度就是我后来刻到的那个地方。当时我还打趣问父亲：“刚刚刻到哪里了？”父亲理直气壮地说：“就是这里。”这个时候的我仅仅只有十六岁，这也是我第一次真正地拿起刻刀，第一次剪纸，就已经体现出了我在剪纸方面的天赋。不过，我这个时候似乎对剪纸并没有多大的兴趣，很长一段时间也没有人知道我会剪纸，包括父亲。而对于第一次在父亲作品上的尝试，我似乎也是抱着恶作剧的态度。

2. 为什么做起了剪纸

在二十一岁那年，我开始跟我父亲学习剪纸。父亲说剪纸虽然不能挣什么大钱，但毕竟是家里的手艺，他希望我能把它传承下去。我自小就会画画，很有天赋，而且个子小做不了什么重活，学门手艺好生活。于是乎，我就跟父亲学习，做起了剪纸。当时，仙桃开了一个工艺厂，有雕花剪纸、国画、钟表等各种工艺，生产的产品大都用于外贸出口，我在 1971 年跟我的父亲去仙桃工艺厂做学徒学剪纸。到了 1973 年，我学成出师，成为工艺厂的四级工人，每月能挣 45 元的工资，剪纸师傅最高的级别是七级，我的父亲就是七级师傅，不仅需要技术还要很高的资历。后来，我刻画的作品出口后都没有被退回，工厂里有的老师傅都有被退回的作品。仙桃工艺厂的在职的师傅当初进工艺厂都要通过我的审核，工艺厂商品的质量也是我的师傅检查。但是我除了跟我父亲学习外，并没有再跟其他师傅学习剪纸。

3. 最初最好的“师傅”：父亲

我的剪纸师傅就是我父亲。他的剪纸 20 世纪五六十年代在当地就很有名气，周边很多妇女想买我父亲的剪纸画做绣花的样图，还有卖“花”（花样子）的贩子主动上门找我父亲。此外，心灵手巧的父亲还会扎彩船等各种东西，还会做纸牌（大字牌），他的字写得很漂亮，写出来的字跟印出来的差不多。

关于我的父亲为什么做起剪纸，就要从我父亲十七岁说起。那年，我的爷爷被地主害死了，迫于家庭的贫困，我的父亲便外出闯荡，寻找生计。当他去到仙桃一个寺庙的时候，寺庙的长老看我的父亲长得很秀气很漂亮，身上透着一股机灵劲，便叫他帮忙剪做一些寺庙里烧香供佛所需的（迷信的）东西，剪一些纸质的帽子花、鞋样子、小衣服，扎一些小船、小车之类的东西。因为我父亲的作品都做得很精致很漂亮，寺庙的长老便很喜欢他。后来的一次，长老便问他："你还能不能做更好更漂亮的东西？"原因是寺庙佛堂里一般挂有许多飘带，飘带上有许多漂亮的花纹装饰。长老想要我的父亲把那些美丽的花纹装饰给画下来，再雕刻到那些小物品上。就这样，我父亲在寺庙里干了三年活。三年后，我父亲二十岁，因为家里贫困没有钱娶媳妇，最后与他一个嫡亲的姑舅老表结婚。可能是由于遗传原因，我的几个兄弟的寿命长短不一，我的大哥是在四十七岁去世的，二哥三十九岁去世（肝癌）。

离开寺庙后，我的父亲就开始学剪纸，自己做刀子，自己做工具，自己慢慢学慢慢发展，没有师傅教他。创作了一段时间后，他遇到了瓶颈，因为不知道用什么材料制作质量好的剪纸刀子。起初，我父亲是用钢锯条做的刀片，但是钢锯条太厚了磨不好。我父亲就在琢磨到底用什么东西才能把刀子做好。他就问当地一些老婆婆，她们鞋子上的鞋尖花是从哪里买来的花样子，一问才知道原来是汉川县一个姓杨的师傅。于是，我父亲就提了一罐老酒，上门找寻杨师傅。到了杨家，恰好杨师傅在磨剪纸刀，我父亲就在旁边看了一会儿。接着，他便上前询问杨师傅能不能拜师学艺。我父亲说：“我不为别的，我会画画，杨师傅，您能把您的刀具给我看一下吗？”杨师傅爽快地答应了。我父亲接过刀子看了看，再问道：“这是什么材质呀？”杨师傅说：“这是我们地方的一个地主家的大挂钟坏掉了，挂钟里有两个钢制的发条，我把它拆下来后捶平，再用剪纸的剪子一剪，后用砂纸一磨就好了。”我的父亲听完后恍然大悟：“原来是这个道理。”此后，他再也没问过其他，也再没拜过师傅。除了这个刀子的材料，其他关于剪纸的东西都是自己制作、创作。他的花鸟剪纸的创作很成功，20 世纪 60 年代，当地周边的姑娘家的门帘子、被面、枕头的花样用的几乎都是我父亲的花样子（在当时画门帘的花样子一块钱一个，枕头花样子五毛钱一个）。

我的父亲专门是做剪纸的，不干农活，后来在当地也是出了名的，我母亲也支持我父亲的艺术创作。后来我父亲就进入了 1956 年创建的仙桃雕花剪纸工艺社（出口《八仙图》），仙桃文化局也非常器重我的父亲。但是当时在工艺社收入少，家庭又贫困，肩上担子太重。无奈之下，我的父亲只好退社回家串乡卖花样子。就这样靠着剪纸工艺，我父亲养活了我们一大家子。但是到了 1966 年的“文化大革命”，剪纸被批成“四旧”，在工作队的监督下，我父亲痛心地把很多精美漂亮的剪纸作品都给烧光了，没有一幅能流传下来。我和周围的很多人都为此长叹痛惜，1966 年之后他基本上没有再做过专门的剪纸创作。“文化大革命”期间，我父亲就在生产队当仓库保管员，“文化大革命”后在家做些扎马、扎船之类的小副业。1989 年我父亲去世，享年 74 岁。

4. 一如既往的支持者：二哥

我二哥很支持我剪纸、画画等各种文艺创作。我小时候，我二哥因为当兵有些钱，他出钱给我买了二胡、笛子、琴之类的乐器。这不仅是因为出于对我的爱护，还因为我二哥本身也很热爱文艺。我二哥自身很有文化修养，写得一笔好字，钢笔字写得比当时老师写的都要好。每次二哥从部队给我写信都是用小毛笔字，字写得很漂亮。

我二哥人很聪明，小学毕业，当时当地文化局就推荐他到仙桃师范学校就读。但是他觉得做老师比较辛苦，工资比较低，难以支撑一家人的生活。受当时家庭状况的影响，他就选择了当兵（1960 年），一当就是 17 年。从一名小兵开始努力，在“文化大革命”时期做到了连队的指导员，“文化大革命”后三年成了营教导员兼师部政治部干事。他长得英俊帅气，身高接近一米八，读书的时候，老师也称其为“美男子”。在部队的时候，二哥曾因为胃溃疡进了医院，经过医生检查后，发现他不仅胃有问题，肝也有问题。后来胃病治好了，但是肝病越来越严重。退役转业到房地产公司后，也到武汉同济医院医治过两次，最后是在仙桃医院去世。二哥有一儿一女，二嫂在武汉南湖机场工作，女儿是空姐。儿子英俊高大，身高一米八几，上过大学，工作小有成绩，现在武汉工作。

5. 我说剪纸

现在，我是仙桃市剪纸学会的副会长，有责任也有义务发展创作剪纸的工作。但同时我还是一个农民，我不能也不会放弃农田，从这个方面讲，对于剪纸，我又只是一个业余工作者，因此从事学会的工作和与同行们的交流都比较少，我深知剪纸不是个人创作的事情，剪纸传承更不是凭一己之力能够完成的，而是要大家齐心协力、共同努力才能达到目标。

剪纸的传承和发展都处于一个停滞不前的状态，怎样发展剪纸呢？我认为首先要让剪纸艺术创作者有信心，而要让他们有信心，就必须明晰现代剪纸的价值。对于剪纸是什么，它的本源又是什么，有哪些主要特点这些问题，我有自己的一些见解和看法。

其实对剪纸这项艺术，大家并不陌生，因为剪纸是一种民间的社会现象，从很久以前，流传至今，产生于社会生活，也服务于社会生活：结婚、新年团聚、新房布置等等，有心人只要拿出剪刀随便就可以剪出各种囍字、花鸟方面的简易花样。而现在，报纸上、电视上也都会刊登和播放各种精致作品。

曾经有人问我：“师傅，你会剪纸，知道剪纸的来历吗？”这个问题是我们每一个剪纸艺人都不能忽视的，必须重视和回答的问题。

相传轩辕黄帝的正妃嫘祖是远古时代西陵氏部落中的一位勤劳、聪慧、灵巧的姑娘，她不仅发明了植桑养蚕（被后世尊为“蚕神”），而且发明了剪纸绣花。传说中有一年的夏天，天气炎热，她带着宫女外出游玩，累了，就坐在一棵大树下纳凉，强烈的阳光照射着树叶，将影子投射在她的鞋尖上，映出一朵美丽的花纹。她呼唤她的侍女来观看。“喂，姑娘们，你们来看，看我的脚尖上的花纹是不是很美呀！”姑娘们一看，拍手称赞，于是嫘祖让侍从拿来绸巾和木炭条，将花和叶子的影子轮廓画了出来。回宫后，她亲手剪成花样，叫宫女们绣在自己的鞋尖上、枕头上、衣服上、帽子上、被面上，将自己的寝宫装扮得美如仙宫。渐渐地，一传十，十传百，从宫里传到了民间，花样子开始流行起来，凡是要出嫁的姑娘都得学会绣花。到了汉代，造纸技术的问世，更是使剪纸日趋繁盛，流传至今。

而到了现代，剪纸作品的产生是建立在一定的绘画手段和长期观察的基础上的，是对一些自然环境中花鸟虫鱼、飞禽走兽的活动规律进行描绘，或将一些壮观建筑巧妙地组成美丽图案，既能记录民间传说和故事，也能反映客观事实，有讽刺、有赞扬，还可以突出乡土习俗，宣传党的方针政策，甚至有不受语言文字限制的特点，仅仅通过形象的画面就可以让更多人了解和认识，没有门槛。因此，现代剪纸艺术倾向于是一种综合性的艺术产物，其广泛性和亲民性要求剪纸艺术与绘画艺术、创作技能、文化素质、文明修养都紧密结合。

现代剪纸艺术与其他艺术不一样。作品与人民群众密切相关，剪纸工作者必须深入群众中去，注意日常生活，甚至是鸡、鸭、鹅、狗、猫等动物在花草中争斗、玩耍的动作都是很好的创作题材。

一幅作品画得再好，没有精细的剪刻技艺是得不到认可的，这就要求有适合的工具和特定的技巧。所谓“剪纸”，关键突出一个“剪”字。剪纸黑白分明、阴阳相衬的特点也是通过剪刻表现出来的。南北方在这方面是存在差异的，北方的是用剪刀，而我们南方更多地使用刻刀。说到“刻纸”，当然就不能忽视工具的制作，俗话说：要想手艺巧，必须工具好。我剪纸的工具就都是自己做的，包括刻刀、蜡盘。刀子锋利，刻出来的作品才能流畅、好看。我的蜡盘也是自己做的，质地很硬。

剪纸也是有一定的操作诀窍的。刻纸的时候用食指抵住大拇指将刀尖靠近按紧，保证刀尖运行平稳不偏线，两指要灵活，大拇指、食指要随时转动，姿势要像拿毛笔一样，最好是九十度向下，千万不能只用大拇指和食指，这样拿是不利的，一是刀不稳，二是不灵活。刻纸一般最好的方法是直刻，但是有些人也习惯斜刻，为什么要斜刻呢？因为直刻时挡住了视线，看不清楚线条，斜刻的时候就能看清线条，方便下刀。一层能斜刻，但是多层就容易刻坏，最多也就能刻四层，还容易把刀尖弄坏。但是直刻就不一样了，可以刻十几层甚至二十几层，不会影响作品。

刻纸的程序也很有讲究。在刻纸的过程中，时常会有一些比较复杂的作品，也就会有易刻的地方，也有很细致、很复杂的地方。值得注意的是在这种情况下，要将最细、最麻烦的地方用最好精力先刻，千万不能从最简单、最粗或作品的边沿刻起，不然很容易将作品弄得乱七八糟。

最后，我还要谈一下剪纸作品的命题。我们每个作品都是根据现实生活创作的。如：国家的形势、人们的思想、向往、一些意识形态领域中的感受，都是我们创作的根据和来源。剪纸作品的创作和写文章一样，都需要有一个清晰的中心。剪纸作品的中心就是要通过名称来体现，命题的关键也就在于符合情理、恰如其分、通俗易懂、一看便知。

6. 小释成果

到目前为止，我大概共创作了180多幅作品，都是在家中闲下来，没什么事情干的时候创作的，我第一幅作品创作的时间是在1976年，《洪湖赤卫队》电影放映后，我以此为依据创作的同名剪纸作品，1993年第二次刻了一幅较小的并进行了展览。迄今为止在我创作的180多幅作品中收益最大的就是《十二生肖福》，以1万多元的价格出售。我作品的内容大多以传统文化为基础，喜欢将历史故事和传说渗透到剪纸中，但在融入传统因素的同时，我也十分注重加入时代的新内容，比如和谐社会的构建。

7. 遗憾和坚持

我是大器晚成的，在大概六十岁（2010 年）时，我的作品才被大家所知，但这么几年了，令人遗憾的是，我至今还不是国家级传承人，虽然已经填写过很多次申报材料，但仍然没有消息。不过，我始终肯定我的艺术方向是正确的，我的艺术本身就不是为了发很大的财，即使是在一个会漏雨的工作室里工作，我也不在乎，更不在乎奖金的多少、证书的级别高低、报纸投稿有无稿费，我的艺术观点就是重在参与，我珍惜的是我的作品得以展现的机会。从事剪纸创作四十多年来，我深知，无论是什么艺术，剪纸还是绘画，都可以培养人的高尚情操。为此，我立下了我的艺术格言："人穷不悲伤，艺术永无价"；"光阴不能虚度，艺术与时相随"。

我正在设计一个大型的作品，还不能告诉别人，但是我每天起早贪黑地进行构思，创作后可能会有 18 米长，是一个集书法、绘画于一体的剪纸作品，至少需要三年时间才能完成。这幅作品的图案大概已经在我脑海中成形了，为了让作品更好，我还会尽量找几位国家级的书法大师、绘画大师一起来参与创作，然后裱好送给国家军事博物馆。

（三）侧访记录

1. 访谈马又甫的妻子：杜菊先

他搞剪纸，我一个人挑起整个家庭的担子，每天带孩子、做家务、做饭，家里农活都由我一个人干，非常辛苦。非但如此，我和他两人还承担起了赡养老人的全部责任。所以我们自己家里的日子过得很不好，要赡养老人和抚养孩子，还要维持家里的生活，压力很大。

我既要照顾好几个小孩的生活，还要照顾老人的生活，两边都要搞好。那时候喜欢把钱存在银行里，存了400元左右，村里的人让我少干点活，不种田，享享福。我的身体蛮好。我得伤寒的时候，高烧45天，去医院诊断说是得了伤寒，四女儿也烧，不退烧，当时儿子一岁，四女儿三岁。后面背女儿前面抱着儿子，在稻田里割谷，很辛苦。自己还能挺得过来，现在身体没有以前好了，也做不了了。人一老了，晚上睡觉，就睡不着，翻来覆去的，所以我每天睡觉前，都喝点药酒，可以睡一个安稳觉。

我们的儿女们都比较孝顺，女儿都嫁得比较近，所以经常回家看望我们俩，时不时地还直接回家吃个午饭，每周都回家相聚，一家人相处十分融洽，村子里很多家庭都羡慕我们家的幸福和睦。我们的准儿媳是四川人，现在也在仙桃，我和老马也都非常喜欢这个准儿媳，并希望儿子尽快完婚。

但是呢，唯一有一点我不是很赞成，那就是他的剪纸，说实话，我并不是很支持。因为这么多年来，除了部分农活他会承担以外，基本上所有庄稼活、家务活的重担都压在我一个人的身上。我觉得自己这些年太辛苦了，五个孩子的抚养，家里老人的照料，基本上都是我一个人干。年轻的时候，许多男的干的活，我都去干，大家都觉得我是个女强人。孩子们也特别黏我，干农活的时候也要跟我一起去，那时候，我经常是一边挑着东西，另一边的肩膀上就扛着孩子，这些孩子都是我的肩膀扛大的。我非常瘦，我自己也觉得这些年自己过得太辛苦，而他有大部分的时间都在剪纸创作，而不是外出挣钱或者在家干活，这么些年，要说一点怨言都没有，那是不可能的。

而且，在我看来，剪纸真的没有给这个家庭带来太多的收益，许多比赛和展览的奖状、奖杯，甚至需要自己出钱去买。他是一个性格耿直、忠厚老实的人，现在的社会环境也比较混乱，所以在他搞剪纸创作、外出展览的时候经常被人骗。因为这些，我们这个家庭常常承受着一些无缘无故的经济损失，我对此感到非常生气，所以两人也常因为这个问题发生争吵。我就觉得很想不通，觉得他不仅耽误了干活，也没有通过剪纸让家庭富裕起来，反而还不断地花钱出去，为此感到非常生气。2006 年，正月二十的时候，我给人帮忙烧火，让他帮忙杀鸡，但他却一直在做剪纸。这样我就十分火大，一时生气，就把马老师的作品给烧了，两人就发生了争吵和打斗，在打斗中，我就要从楼梯上摔下去了，情急之下，为了保护我，他抱住我，没想到也从楼梯上摔了下去，还摔断了腿，至今腿上还有三块钢板。事后，我想到这些还是有些内疚，觉得毕竟都是他这么长时间以来的心血，不应该一把火把它们给烧了，他做这些也的确不容易，很辛苦。

2. 访谈马又甫的儿子：马波涛

我爸弄剪纸很不容易，很辛苦，既没有“钱图”也没有“前途”。为了剪纸，我爸和我妈也反复争吵了多次。我爸有时候为了刻剪纸不去干农活，家庭重担全在我妈身上，我妈肩上的担子太重太辛苦。我妈经常是一个人干活，难免会对我爸的剪纸感到愤怒，有次差点把我爸创作的所有作品都给烧了。我性格比较活泼调皮，静不下来，我爸也认为我不太适合剪纸。而且我本身也没想过要学剪纸，继承我爸的剪纸事业。我爸不常在家，经常走街串巷给别人拍照。我们小时候基本是属于放养长大的，爸妈白天外出做工，我们也出去玩耍，晚上吃饭的时候、第二天一早出门前才互相打个照面。我爸也曾打过我，但是次数很少，我爸也支持我们姐弟几个努力学习、多积累文化知识，总体来说，他是一个很慈祥的父亲。

3. 访谈马又甫的徒弟：汤舒媚

我与马又甫师徒的缘分是在父亲开的一个小饭馆。一天，偶然前去吃午饭的马老师看到了饭馆里粘贴的我小学时期刻画的剪纸作品，当时马老师就觉得那幅作品刻得挺好的，于是就找来饭馆老板询问，才知道原来作品的刻画者就是饭馆老板的女儿。当时马老师就有意收我为徒弟，我的父亲也有同样的意愿，虽然当时我不在家里，但是双方一起商量差不多定下了这件事，然后选了一个日子去马老师家里拜师，还委托文化站的站长写了一份拜师契约，约定我一辈子都是马老师的徒弟学生。拜师后，我在平时周末和寒暑假都会去马老师家里学习剪纸。后来上高中，因学习任务重、压力比较大，就很少有时间去马老师家学习了，但逢年过节还是会去马老师家探望他。现在上了大学，我放假有空了也会去马老师家里学习，有时还会帮马老师刻一些小作品。

在我的眼中，马老师平常是一个很和蔼可亲的人，但对于剪纸教学，马老师的要求也是很严格的，因为剪纸毕竟是一个细致活。在跟马老师学习过程中印象最深刻的事情也是与马老师的认真和细致有关：在刚开始学剪纸的时候，当我把自己觉得刻得挺好的作品给马老师看的时候，马老师很生气很严厉地批评了我，说有些线条没有刻画好，有些时候光是磨刀就要说上好长一阵子。因为小时候学过画画，有些画画基础，所以马老师主要教授一些剪纸雕刻的技法和技巧，在刻纸上指导较多。

对于剪纸，我认为，可以作为自己的兴趣爱好来长期坚持下去，而不管是作为马老师的徒弟还是一名大学生，都觉得自己有将剪纸艺术传承下去的责任和义务。

4. 访谈工美楼老板：李翠红

李翠红是仙桃市女企业家协会的会长、仙桃总商会的副会长，是一名成功的企业家，商业活动十分活跃，涉及服务业、农业和工业等很多领域，但她真正做文化产业投资其实是一个很偶然的机会。一次，李翠红和一个领导去买邓友谱麦秆画，是在一个农家，房屋很破旧，但是屋里摆放的作品特别精美、特别漂亮，当时李翠红觉得很可惜，如此精美的艺术品只能摆放在家里，却不能被更多的人知道。于是她就问邓友谱老师，想不想把这个艺术品做大，通过一些现代化、高科技的手段把它推向全国、推向全世界。这当然是邓老师的很久的心愿了，他也曾想过把自己制作的这些作品推向更宽阔的世界，让更多的人知道，但是因为没有资金，不懂销售，这些都只能是做梦想想罢了。李翠红深受感触，想帮助和扶持邓老师把麦秆画宣传出去。在回家的途中，李翠红与当时第三小学的李校长感慨，觉得非物质文化传承人实在是太辛苦了，得不到重视，没有获得足够的关注，生活和创作都太难了。于是她想利用自己作为一个商人的优势和人脉，在企业家的圈子里起一个带头作用，为传承人做一些力所能及的事情。

在调查马又甫老师时，李翠红了解到，当时他靠剪纸作品一年大概可以卖 1 万多元钱，平时种田一年可挣 8000 元，要负担全家的开销，生活确实很辛苦。李翠红说要想过一种艺术家的生活，一心一意搞创作，就必须改变心态，她劝马又甫放弃种田，专心创作，不给自己留后路，她会做他经济上的支柱。李翠红深知非遗的传承迫在眉睫，而最有效的是从孩子抓起，让孩子们从小就对非遗感兴趣，树立非遗保护的意识。所以她为马老师联系了第三小学，一周在小学里上两节课。为了让非遗产品有更大的市场，仙桃市政府还将小米科技的创始人——雷军请回仙桃担任总商会的会长，与全国各地的商会联系，由李翠红做纽带，将市场需求和产品供应直接联系在一起，需要什么就开发什么。

谈到非遗传承，李翠红也表示出了担忧，现在接触非遗的人太少了，因此，在工美楼里除了工艺品的展示、销售还有现场教学，就是希望更多的人能来接触、了解和学习非遗文化，并把它们传承下去。

5. 访谈马又甫的同行：刘士标

刘士标老师被湖北省人民政府授予了“工艺美术大师”的称号，是非物质文化遗产武汉剪纸代表性传承人，湖北省武汉市武钢剪纸学会会长。他和马老师之间有着非常深厚的情谊。1991 至 1994 年的几年间，是二人的合作期，马老师为刘士标老师刻了上百幅的剪纸作品。他们既是同行又是挚友，马老师对刘老师的剪纸技艺很欣赏，刘老师也认为马老师在剪纸创作上很有天分，有着自己的特色。在生活上，刘士标老师也会经常给马老师打电话，嘘寒问暖，十分关心马老师的身体情况。

6. 访谈邻里乡亲

邻居的一位老奶奶：“马又甫这个人为人忠厚老实，做人实在。与他相处关系融洽。我们都知道他在雕花，而且雕得蛮好看，蛮漂亮的。”

另一邻居奶奶：“他为人蛮好，家里的子女们也都很好，我们都很喜欢他。”

还有同他当了多年邻居的大叔：“他为人蛮好，邻居这么多年了，我们家跟他们家关系很融洽，没发生过什么不好的事情；他做剪纸也有很多年了，雕花雕得蛮好，又漂亮，又好看。”

【调研附记】

赵佳敏

得知自己调查的对象是一位仙桃市剪纸大师时，心里不免有一些紧张，我在构思如何展开这次深度调查，毕竟深入到一个人自从有记忆起的所有生活，我始终认为一定要有十分深厚的感情和十足的信任才有可能达到。

到达的当天虽然没有见到马又甫老师，但是工美楼的工作人员们极其热情地招待了我们，向我们展示了马老师的工作室。第二天，经过一番谈话，工美楼老板和仙桃市群众艺术馆的郭馆长都表示会在各个方面给予我们一些帮助，支持我们的工作，为我们扫清了很多障碍。而这次的调查对象——马又甫老师也和我们想象中的形象差别很大。

初次见到马老师的时候，他穿着很普通的衣服，脚上穿着一双大拖鞋，在露出的脚指甲缝里甚至还可以看到黑色的泥土，我们猜测也许他还是一位农民。果然他接着很抱歉地告诉我们，他刚刚下地干完活，没来得及换衣服。他非常随和，接下来的几天也十分顺利，常常是不需要我们引导，马老师就会说很多他的故事，一般也都是有工作人员提醒下班了我们才会结束。马老师告诉我们，从来没有人会听他讲这么多的话，而且看到我们觉得很像他的孩子，觉得特别有缘，所以很多从来没向别人提起的事情也觉得告诉我们毫无压力。的确如此，不管是琐碎的家庭生活还是有些不方便同行知道的剪纸工艺他都十分详细地讲给我们听，还亲自指导我们剪纸。当我们提出要去老师家采访的时候，他也欣然同意，一大早四点多钟就起床给我们买菜做饭，还让儿女们都回来。调查结束的时候，我们去工美楼和马老师告别，大家都很舍不得，马老师还嘱咐我们以后有时间一定要去看他，过年的时候会包好红包等着我们。

这次调查很快就结束了，虽然每天晚上都会整理资料到很晚，听录音听到耳朵痛，被方言整到发疯，也会埋怨和吐槽，但也确实让我们收获了不少，尤其是参观了马又甫老师家，看到那个极其简陋的、还会漏雨的工作室，让我们十分心酸，回程的途中大家都是异常沉默，但我相信每一个人的内心，至少在那个时刻都不会平静。从某种程度上来说，马老师的生活就是中国现代无数个非物质文化遗产传承人的生活缩影，当然也会有条件比较好的，但肯定也不乏比马老师条件还要差的人。我觉得这次调查也是无形中赋予我们的一个责任，用自己的努力，不管是在网上也好，还是在哪里，去宣传这些传承人，借以引起社会的关注和重视。

在保护和支持传承人方面，我很佩服马又甫老师所在工美楼的老板李翠红女士，她是一个商人，却在投资800万元没有盈利的情况下，还依然坚持办文化产业，做这些传承人的物质后盾。当然让我们去投资、去招商，这太不现实也不可能，可是身为大学生，我们也有很大的优势，学校和课堂就是我们很大的一个平台，让非物质文化和这些民间技艺走进课堂，可以培养我们的兴趣。同时，并不是仅有物质的支持就行，经常的关心，在别人不理解时的支持，也会给这些传承人带来心理的慰藉。

郑爽

在参加这个项目实践之前，我对剪纸的认识只停留在儿时美工课上老师的教授和自己往家中窗户上贴的“囍”字。对马又甫这个名字也是陌生至极。上交暑期实践报名表时画下的小勾，似命中注定一般，给了我一段在今后的生活里，一定会难以忘记的时光和经历。

在仙桃的几日，在当地文化部门的大力帮助下，我们的调查开展得非常顺利，食宿的问题也很快得到了妥善解决，与我们料想的一样，马老师也是非常和蔼健谈的老人，细致地为我们展现了其波澜壮阔的人生图景。

我们采访的马又甫老师是一个身怀绝技的老艺术家，他的剪纸功底十分深厚，已经在剪纸阵地上坚守了几十年。不得不承认，伟大的人，外表上可能平平无奇，但内在必然是不平静的，是广阔而激烈的。马老师这辈子生活的各方各面，可以说都比较传奇。十八岁前的几次在鬼门关徘徊，历时十年相亲十位姑娘才获得最后真爱，不到一米五的身高却娶到一米七几的妻子。谈到他的过去，他侃侃而谈。我们在仙桃的几天时间里，马老师向我们一一讲述了他人生的许多重要事件，透过这些事件，马老师的那些珍贵品质也渐渐展现在我们面前。

在中国，艺术家这个词离大多数人的生活都很遥远，这份遥远也让马老师的生活过得不那么容易。马老师做的剪纸虽然漂亮，但奈何没有太多销路，做剪纸所花费的时间，必然会导致给家里做事情的时间减少，精美的剪纸没有给家庭带来多少好处，反而更增加清贫。但马老师说，即使只能在一间漏雨的屋子里做剪纸，但只要能做出剪纸来，这一切都没有什么关系。在几十年的困苦中，马老师一边维持着家中的生计，一边坚持剪纸创作，现实与理想的冲突中，马老师握紧人生的舵把，平衡着前进的方向。

这一次的实践时间只有短短的几天，3 万多字的传承人日志，10小时的录音转写，接近200张照片的修改排序，这些都非一人之力可以完成。我们小组虽然只有4个人，但我们是一个非常团结的集体，分工明确，大家也都很负责。特别是在后期的资料整理中，繁复杂多的资料让人一头雾水，经过我们几人的合作，终于在规定时间内完成了所有的材料，完整结束了我们的调查任务。小组的精诚团结，是我们完成任务最有力的武器。

从6月的报名表上交，到7月末的全部完成，这一个多月里，前期的准备，中期的进行，后期的整理，我第一次切切实实完成了一次重大的任务。剪纸是中国传统的优美的艺术，坚决不能让它消失殆尽，而像马又甫老师这样的传承人，则是保护这些传统技艺的关键所在。我真心希望我们这些时间来所做的努力，能够唤起社会对他们的关注，对剪纸的关注。这也是我们这一次社会实践最大的目的和愿望。

陈洁

2015年7月，几经周折我们终于寻到了目的地——剪纸艺术家马又甫工作室所在的沔街工美楼。跨过一座通体白色的小拱桥，踏进那座古香古色的小楼，正值周末，只有一位工作人员在里头。初次见面，她脸上甜美的笑容同室内充溢的凉气抚平了我们周身萦绕了一上午的燥热。我们的行程的起点定于此刻，这是一个美好的开始。

安顿好行李，吃过午饭，下午我们再次踏访工美楼。不巧赶上我们的访谈主角马又甫老师周末休息，上午那位美丽善良的姐姐就带领着我们参观了工美楼里的剪纸、贝雕、麦秆画等各种工艺美术作品，帮助我们记录了马老师工作室里悬挂满满的各种精致奇美的剪纸作品。

接下来的几天，我们都以工美楼为据点，比较顺利地完成了对马又甫老师的访谈，真心感谢工美楼的老板及其工作人员，还有给我们提供便利和帮助的当地相关文化部门。

第二天上午，我们终于见到了闻名已久的马老师，他看上去就很平易近人，朴实憨厚，脸上总带着祥和友善的笑容。几天相处下来，我们几乎成了忘年之交。马老师的人生经历很丰富。马老师很健谈，为人也很真挚很坦诚，和我们几乎是无话不说。对我们，他没有顾忌或防备，每天的访谈就像是一起静静地坐着，听自己家的爷爷诉说他当年那些英勇、有趣、难忘的故事。真的很感谢他近一周来放下了手中的工作，全心全意地和我们一起完成了访谈和作品记录等相关任务。每天走进工作室，马老师都会起身跟我们打招呼，访谈结束后都要送我们到门口。最后道别时，亲切可爱的他叫我们每个人都留下了联系方式，希望分别后还要常常联系。按他的话来说，我们不是曾经那些采访他的记者，只要相处交谈几日，我们是投缘的朋友。要感谢缘分让我们结识，和这位朴实可爱的爷爷一起走完了这段旅程。

回想这一周不短不长的旅程，每天白天去做访谈，晚上整理记录当天的资料。每一天都过得很充实。在这个陌生的城市，这一路上也有些小小的曲折，但我感觉心情都比较安稳，没有过惧怕或是惊慌。因为这一路，我都不是一个人，所以最后感谢我们一路相伴相行的小伙伴，很开心我们一起顺利地完成了这次奇妙的旅行。

朱磊磊

我从大学本科阶段就接触非物质文化遗产了。刚进入华中师范大学的时候，我加入了华中师范大学手工艺协会，开始学习中国结艺文化。学习中国结让我的生活丰富起来，我自己学做中国结、编蝴蝶、编手链。有时候我可以一连几个小时全神贯注地完成一件作品，却不觉得枯燥乏味。你可以想象：当一根普普通通的绳子，通过手的加工而成为一件作品时，那种喜悦之情是多么难以言说呐！

除了中国结，对于剪纸我也是情有独钟。学校社联举办活动时，手工艺协会拿出手工制作的中国结艺作品、剪纸作品以及其他手工制作物品进行展览。我忍不住问："手工艺协会也教剪纸吗？"学姐说："我们都不会做剪纸，教不了。"我的内心不免有点失望，但好奇之心却始终伴随着我。大一下学期期末时，我看到非物质文化遗产传承协会首次在东区小树林做展览，怀着好奇，便凑过去问了一下。学姐们说她们在做一个非物质文化遗产保护与传承活动。这次活动有汉绣、剪纸等非物质文化遗产展览、宣传，还会现场教授剪纸。大二开学后，非物质文化遗产传承协会在孙正国老师的带领下成立了华师首个剪纸班，邀请中南民族大学黎周佳老师给我们上剪纸课，我欣然报名。渐渐地，通过不懈努力，我们和中南民族大学剪纸班建立了合作关系，有机会派同学到中南民族大学系统学习剪纸，我对非物质文化遗产有了更深的了解。

今年6月时，在听说文学院正在组织“国家非遗千人合作计划”的暑期社会实践后，我就报了名，成为仙桃调研组的一员。在暑期调查之前，我们接受了全面的培训，并于7月12日踏上了去仙桃的动车。想着马上就能看到仙桃市的众多非物质文化遗产，并且还能采访到传承人，我们一路心情愉快，我们顺利抵达仙桃。刚到仙桃，可能对这个地方还很陌生，我们一时间有点不知所措。不过一路上我们遇到很多好心人，给了我们很多的帮助。

在他们的帮助下，我们顺利到达了沔街工美楼。一位姐姐很热情地给我们倒茶，讲解仙桃雕花剪纸。下午的时候，我们赶到马又甫老师的工作室，那位姐姐给我们详细介绍了工作室的剪纸作品，还解释了作品背后的寓意。第二天我们又来到马又甫老师的工作室，开始了访谈。马又甫老师和蔼可亲，对我们的访谈积极配合。他非常高兴我们能对非物质文化遗产抱有如此高的热情，嘱咐我们要好好学习，珍惜眼前的机会，学好文化，练好本领。

本次“国家非遗千人合作计划”暑期社会实践带给我最深的感触是：做一样东西简单，但是长久持之以恒地去做却很难。这不仅仅需要个人的毅力，还需要在面对现实、家庭和社会的压力时，能够坚持自己的选择。就像马又甫老师做雕花剪纸一样。在重重阻力面前，支撑他的是对剪纸的热爱。这份热爱让他将剪纸事业继续下去，越做越好。

二、高培坤口述志[①]

【人物信息】

高培坤，生于1943年，湖北省仙桃市长埫口镇石刭湾村人。高培坤自幼喜爱剪纸，1952年拜杨长发为师学习剪纸，十五六岁出师后即走街串巷卖花样子，其作品深受乡里姑娘、婆婆喜爱。在仙桃雕花剪纸社加工出口产品的经历精进了他的技艺。近年作品有《西施浣纱》《昭君出塞》《貂蝉拜月》《贵妃醉酒》《凤穿牡丹》《马到成功》《黛玉葬花》等。

高老师和普通村民一样，他的住处安静地卧在村里的一隅，乍一看并不起眼。就像高老师本人一样，散发出的是地地道道的淳朴气息。堂屋内挂着的各式各样栩栩如生的剪纸作品，才彰显着这里的主人不同他人的独特之处。

（一）生活史

1. 吾家有子初长成

我们家那时候兄弟姐妹很多，我上面有一个哥哥、一个姐姐，下面有一个弟弟、两个妹妹。那个时候家里都比较贫困。你们现在的年轻人可能理解不了，最困难的时候，我们在领到

① 调研组组长：李贾雪铭。组员：黎晓晴，仲珈慧。调查时间：2018年7月2—7日；调查地点：仙桃市长埫口镇石刭湾村。

米之后，走几里路去镇上把米换成碎米，一斤可以换两斤，因为家里人多米少，所以一定要换碎米才能每个人有口吃的。不过我们家还是很注重教育的，这点还是得感谢我爸妈，手头宽裕的话就让我们上学。最早，家里的男孩子上学，比如我是初中毕业。后来赶上了好时候，家里慢慢好起来，我的妹妹们也读到了初中。

我那个时候上学晚，上一年级大约是八九岁（1952 年），成绩嘛，倒是一般，不好也不差，总之就是过得去。我一直都是这个样子，因为我很喜欢玩。我小时候看到任何好玩的东西就想去试一试，剪纸也是因为喜欢。最早的时候呢，我还吹过唢呐。我当时看那边那些吹唢呐的，还赚红包，还挣工资，我就羡慕得不得了，就想我搞这个事好了。后来小学五年级的时候我去自学吹唢呐，这个唢呐学得也还可以。当时年纪小决心比较大，我天天早起来练。吹得不错的时候就会有人请我去了。吹一天唢呐，三块钱，还给你红包。我们过去新夫妇第二天早上起来先磕头再喝茶，喝茶的时候给你红包，那个红包，最高的能接到五毛钱，一般的就是两毛钱。那个时候有点钱就很开心了，也算是自己的爱好给自己带来的收获吧。

没上学的时候也没有什么玩的，大家都是团泥巴什么的，还要帮家里做农活。

2. 花样子的美好记忆

其实我们这些农民没有什么很高的追求，值得回味的事情不多，但还是有一件事情让我的印象很深刻，就是我出师之后去卖花样子。我十五六岁的时候，我记得，十六岁我就开始出师了。那个时候家里没有什么条件，就做一个脚把箱子背出去。我长得也不高，那时候人们把我当个小孩，一般比我年纪大些的中年妇女都逗我玩。我就卖这卖那，对这业务不熟悉嘛，搞这搞不好搞那搞不好，她们就笑我。我也不太好意思，就埋着头看着地上。

当然我因为花样子还有很多美好的回忆。那时近年关的腊月二十四就放假，放假我就连夜走出去，因为那个时候叫作投机倒把，那是不允许搞的。那个时候管得蛮严的，我们想搞点生意就要偷偷摸摸的。我记得那一年还晚了两天，二十四就放假，我们是二十六出去的。我们先是把那花线啊模子啊做的活啊我们都做好了准备的，那时候一放假我们就出去，一出去我就到我老哥家住着，他那个地方是沙湖地区，沙湖地区是蛮富裕的一个地区。正月初一那一天我都没有休息的，初一一出去啊，那真是我一生中最高兴的一天，为什么这么高兴呢？一出去那个生意好啊！这个鼓子一响，一笔生意就来了。走过几家又一响，那一天生意忙不过来，坚持做到了下午。过年那时候五点多钟六点天就黑了，不比现在白天长，我兜里厚厚的，（包里）厚厚的一坨。我走在路上啊我就忍不住笑，不自觉地就笑出了声。为什么呢？我还从来没有见过那么多钱。我们做工那个时候只有三五毛六七毛钱，年份最好的只有六毛多。我那天卖多少钱呢，卖了四十五块钱！那时候一个教书先生刚开始到单位里去十八块钱一个月，刚毕业的老师分派到下面去教书，那时公派老师一个月也只有十八块钱，我一天就赚了四十五块多钱。我真是高兴得很，走路忍不住笑出了声，自言自语地笑出了声。这是我人生当中最高兴的一件事，那天是最高兴的。

还有一件高兴的事。那是“文化大革命”以后，“破四旧”把我们这些东西都要收起来，我们就很久没有搞过这个。“文化大革命”结束后一年多，那些姑娘们都想做花样，因为都要出嫁了。我们这个地方出嫁蛮讲究，都要做花样的。我到洪湖那个叫芦林湖的地方一去，那天天色不太好，下了蛮大的雨，我那鼓子一响一摇，那村里的人都说“卖花样子的人来了”。老的少的围着，那天也是忙了一整天回来。那时没有背箱子都是篓子提的，偷偷摸摸地搞，这也是我最高兴的。这说明人家认可了我的剪纸水平嘛，大家等着买，我有一种满足感。

3. 潇潇洒洒走四方

我这么多年其实不是专门搞这个雕花剪纸的，除了做会计，我也跟着同乡跑了很多个地方。有一次在路上就听说他们在全国各地卖渔网，我一听觉得还可以，就跟我的老乡商量了一下，就跑出去卖渔网了。那个时候 20 来岁，年轻就想四处走走。然后我们俩就出门了。差不多走了大半个中国吧，湖南、湖北、东北，还有沿海那边我们都是去过的。往西走我还去过甘肃、陕西和四川。但是不同的地方市场也是不一样的，遇到卖得不好的地方我们待的时间就少一些。

在外头那几年，各地的方言我都感受过。我在四川待的时间是最久的，就学了一点四川话。四川那边说话和我们这边差不多，但还是有差别。比如四川话里面有一句“搞啥子”就是干什么的意思，刚开始我是听不懂的。后来学会了觉得很有意思，还有四川话里有个词叫“巴适”，是好的意思。我们坐车去乐山的时候，乘务员的口音我到现在都记得很清楚，读的是“罗山”。

我觉得最好懂的是东北话，他们吐词清晰，而且说得慢。不过我在东北经常能听懂他们的话，他们又听不懂我说话，也是很有趣的。至于广东那边，就不好说了。年轻人还好，老一点的人说话真的搞不懂。每次都喊他们说慢一点。

在外面那几年遇到了好多事情，比如在四川刚好遇到暴雨，水都淹到膝盖那里了。我没在湖北见过洪水，反而在四川见到了。还好洪水也没维持多久就消退了。

当时确实走了好多地方，卖了两年渔网，我们回来就办厂了。

4. 贤妻姻缘一线牵

我的妻子叫曾春姣，比我小三岁，是 1946 年正月初二生的，名字也很普通，农村那个时候的女孩子，取名就是喜欢用桂、兰、姣、仙这些字。

我跟我的妻子是娃娃亲，很小很小的时候定下的。那个时候一般就是通过媒人介绍，你家有个儿子我家有个姑娘，把姑娘通过媒人线拴到他屋里，就是这么个来历。过去像我们这么大年纪的都是娃娃亲，不像现在这么自由的，而且在结婚之前也没见过。那时候结八字，就是发那个八帖过来，就是生辰八字，你们年轻也没见过，应该听别人说过。两家距离其实也就是六七里，但是却没见过。自己也没有刻意地去看一下，没有这种意识。可能是也没时间去想这个。

我们结婚时我已经赚钱多年了。我到岳父家去，人家都羡慕他，说他的一个女婿会赚钱，蛮有能力。我那时帮人画画，画东西啊，我到那个地方蛮受欢迎，东西蛮火。

后来我不是经常出远门嘛，都亏了妻子在家里帮忙。农村那个时候好忙哟，一个妇女同志辛苦得很。哪像现在这么舒服，深更半夜都是有家务要料理。那个时候，妇女忙得很，成天辛苦得很，做手工活起码做到晚上十点以后，有些一直搞到天亮鸡子叫。孩子多的，三四个孩子，小孩衣服都靠家里一针一线做出来的，哪像现在的机器做，都是拿那个旧衣服改的，大改小，那个时候节约得很。不过我们家娃的衣服样子都是我雕的，所以一直很好看。

以前是农活很忙，她根本没有时间弄这些，后来我们年纪大了脱产了，她又有很严重的腰伤，眼也花了，也不可能跟着我学花样子。但是她一直是支持我的嘛，还经常笑话我，眼睛闭上之前就在想明天要剪什么，眼睛一睁开又要想，我昨晚梦到了什么花纹。

她就是个地地道道的农民，特别实诚，虽然嘴笨但是很贤惠。她现在有腰伤，就是当年一个人做十几亩田弄出来的。我真的很感谢她，如果不是她我也不会有那么多时间去搞别的事情。

（二）艺术史

1. 良师领进门

我当时拜师，主要为了学门手艺养家糊口，再加上我对剪纸的浓厚兴趣。以前小时候有卖花样子的，我就跟在他后面团团转。我当时就决定去拜师学艺。开始的时候我爸妈是不同意的，觉得我是多此一举，但是我还是坚持要去学这个，最后他们也没办法。其实我对手艺这一行好像天生就比较敏感，我小时候看到任何好玩的东西就想去试一试，最早的时候呢，我还吹过唢呐。（剪纸）是我真正的爱好，其他的都是附带的，剪纸是我的手艺。那时候也不要多少钱，跟着村里面的师傅就学，我的师傅也没要我多少钱。

我当时年纪最小，脑袋又灵光，师傅对我是非常好的。我们那边拜师也没有奉茶、磕头之类的繁复的礼节，就是接了两个门客，他们是见证人；另外请师傅到家里来吃一顿饭就算拜师了。我们不是那种“教会徒弟饿死师傅”的竞争，师傅收徒收得都很乐意，徒弟多也是一种本事。你一拜了师，大家就知道你这个人从师傅了，学得差不多了，那你就可以背花样子出去卖了。师傅教你一些江湖话，一些江湖的东西，你出去了就晓得了就知道了。

2. 手艺还需多切磋

进门后，杨师傅先教给我们不同的花样子，锻炼我们的画功：先学粗一点的画再学细一点的，先学抽象一点的呢，先从鞋子花学起，还有小燕子，再慢慢学习复杂的，再学枕头花，再学小孩子们的涎兜子花、云肩……

师傅将抽象的东西给你做，做得有点头绪了，等你心里基本上领会了，你晓得像那牡丹花应该怎么画，配什么，梅花应该配什么，你再画简单的蝴蝶、金鱼这些东西，回家自己练。它也不是一下做成的事，它是慢慢成功的。过去，有些师傅出去卖花时就不敢接人家那个活。比如说我们过去，这些门幔子，都是要手工画花的，可是有些师傅开始没学画画。我们出去的话为什么这个手艺受欢迎呢，那些姑娘们等着我呢，我画的东西漂亮……有些东西还是要有点持续性才好。

我做学徒的时候经常在夜里想要剪个什么形状，有时睡着睡着就突然爬起来，只为把脑海中出现的新花样子画下来。不晓得操了几多瞎心，就是到现在来说有时一个问题解决不了，睡半天睡不着觉，非要把这问题解决不可。

但怎么做得够像呢？比如说你这个人，我有这个手艺在这儿摆摊，你说我这个人你要帮我做出来，好多师傅都不敢答应。你做出来像这个人，你不是说要百分之百的像，你要百分之几十的像呢，这个厉害就在这里，仙桃剪纸的艺术性就在这里。比如说她戴个眼镜，你要发个照片给我，我要把这个人的像做个剪纸出来，这就是靠师傅的，这是真正要有功力的。一般做人物像是非常不简单的，想用刀子做出来，我现在正在练习这个事。就我来说那些外国人的像难得成功，一遍不成功，两遍三遍四遍五遍确实难得成功。这是为什么呢？他的鼻子、眼睛、眉毛都跟中国人的不同，那个时候就难得做好，这个问题还难得解决。

我们自己提高手工艺水平还靠和师兄师弟的切磋交流。师兄师弟在那边做出口，长期在一起生活，基本上都掌握了各人的根底，包括基础水平，心里都有本账。

它不是一下做成的事，它是慢慢成功的，好的手艺要“细火慢炖”，才会有它自己的“味道”。

3. 独立门户闯四方

学手艺学了一年吧，我就出门做生意了。我们那个时候搞集体嘛，都忙得很，早上、晚上学，下雨、放假也学，每天学到晚上十一点，天天学，学到师傅说你这个好，你就可以出去了。

当时我也是偶尔才去卖花样子，主要还是做会计。会计我做了两三年，直到我师傅推荐我去市里，参加出口那个事情，我就跟生产队的队长商量好了以后，队长就把我放出去了。到了仙桃后，因为加工出口产品的要求更高，我又开始重新学习花样子。开始是学农村的一些老东西的剪纸，鞋花啊，帽子花啊，枕头花啊，大概就是绣些普通的东西。到后来在仙桃做出口就是省里发下来的活，都是印刷好的，发来做，一天多少钱，按现在的说法就是加工。雕花样子毕竟活粗一些，我们加工出口产品要细一些，那当然要重新学习了。我们有一定的基础，年轻眼睛好，看着师傅怎么做，做不久我们老师好像都赶不上我们了。为什么呢？因为年轻眼睛好，老师傅都戴着方框眼镜，视力还是差些。那个时候我们手艺做得多么红呀，为什么呢？就是年轻，又是农村的孩子出去，他把这件事当事。不比城市的孩子有条件，我们还有一定的压力，我们当时十几岁，要向生产队交钱，要把自己生活搞起来，还要养活家小，不搞好都没有饭吃，那要争取的是吧，那就是最高兴的事。

4. 实业操办绣花厂

绣花厂是 1989 年开的，一直开到 1995 年，前后 6 年时间。那个时候，我带了很多很多徒弟，这也是蛮高兴的事。女孩子们都还没懂事，十几岁，一些小姑娘我就教她们怎么绣，绣花花是什么意思，哪样做得好，这也是件蛮有意义的事。搞了五六年了，要付她们工资，还有一个会计、一个副厂长、一个保管员、一个做巡查的婆婆，总共一套班子有接近二十人，那是蛮高兴的一件事。

后来因为剪纸本来是个需要花时间的活，这些小姑娘呢，干个两三年好不容易学会了，结果又都嫁人了。姑娘们嫁了人，一般就不会再出来做工了，我又要花时间重新来培养一批人，最后实在没得办法，我的办厂计划也就这么算了。其实想起来还是很遗憾的。

5. 勤敏好学手艺佳

我喜欢剪纸。我有一个毛病，看到别人整得好看的一幅画我就想照着剪下来，比如这幅《百年好合》，就是婚礼上的海报，我看着好看呐，就捉摸着把它剪出来。还有《中国梦》等等我都尝试过。这也算剪纸的一个时代特色，我们总要跟上时代的发展才不会被淘汰。我以前在外面跑的时候，就喜欢去看看各地的剪纸，到四川成都去，我特地到武胜看过，一幅刘关张的剪纸做得蛮好，我当时还把它搞过来尝试一下。一般离开那天就到市场啊，一些旅游胜地啊去看看，我非要看看剪纸，非要看看这方面的东西，因为心里爱好这个。四川那边的剪纸带有自己的特色，像“三星堆”的风格，有一点神秘感。我回来之后就要自己捣鼓一番，看看别人那里有没有可以学习的部分。

6. 老来有梦也难全

我现在就是没有目标了，我干的活都做得差不多了，信心不大了。为什么呢？因为我们农村没有条件，没有退休工资。你看我这一年两年三年剪纸，也花钱不少。第一个，模子啊裱框啊都要几十块，省吃俭用搞下来的。爱好真的是种爱好，我是爱好这一行，我不爱好也不做了。七十多岁，还得挣点生活费，我还有一个婆婆我还要养活她啦。其实我心里想的我就是没有条件，我很多很多的理想还没有实现，比如说我开始回忆我十几岁时候的情况，一直到现在这个社会的变革，我想用剪纸的方式把它做出来。我想把我一生的回忆做一幅剪纸作品。那就不是一天两天了，像这个作品做出来就起码得三年了。这个完了先设计一遍，还要找一些什么绘画专业的人给我一些建议，一幅作品确实是很不简单的。所以说我心里又要一步一步走，我想的难以达到。为什么呢？没有条件。我们农村，你还要种点田维持生活，我还有一个婆婆，所以现在没得办法，我还得出去挣钱。因为不管你怎样还是得联系实际，我们两口子还要生活呢。

要完成的事情还有很多很多。我这个剪纸方面，还有很多没完成的。照我这个计划，两三年都完成不了。比如说，农村过去的门幔子，姑娘们的枕套，穿的这个绣花鞋子、编花鞋子，孩子的涎兜子、云肩，我都想着把我这个手艺全部贡献出来，那还长得很，难做得很。我弄那个垫巾，把蚕丝先加工成坯子，我再染几十组颜色出来，只要三种靛，我就能染出五十种颜色，一般的师傅搞不出来的。我想把它搞个整套出来，挂到纪念馆里去，我是这样想的。这些要相当大的支持，要得到政府的支持。为什么呢？你要搞一个或两个绣花高手，这要政府的支持的，政府不支持你就没得办法。姑娘们出嫁做的这个门幔子做得相当了不起，但我现在只是想，没有这样的条件。

政府那边理解了还好说，不理解的会说你没有什么文化的人，名气打不响。但我在心里想，我把这搞好了以后放到馆里去那意义肯定大得很啊。线，买一斤蚕丝就有了，打线的我们这还有老师傅，一加工就好了。线坯子就把它用几种靛变为四五十种颜色出来，各种各样的颜色，真正做出我们仙桃特色来。花样子找一个绣花高手搞四个月把它绣出来还稀奇漂亮，往馆里一放，过去那些老东西是原始的东西。可是不由我想，想的东西难得达到目的。我可以把一直以来从青年到现在的变迁用剪纸方式做出来，那还是蛮有意思的。如果我是个退休老工人的话，那我起码有个条件，工资不愁，生活不愁，我跟我婆婆要不了多少钱，我们农村里嘛。但是不由你。现在我一天天想的都是空想，没有组织的支持你基本上达不到你的目的。

7. 雕花剪纸亦蒙尘

过去剪纸，现在捡铁，也是没得办法，家里四个儿子都要结婚娶老婆。我婆婆说我老是为剪纸每天都围着桌子，吃了饭就搞剪纸雕花，什么事都不管，我们还要吃饭呢。我和孩子们说，我也是想发个财，搞点生活费。我心里还是想有些东西做，我还想继续把这个事业完成，但是没得办法。

我们现在年纪这么大了，六七十岁了，也干不了什么事，这个剪纸还要把它捡起来，国家还是蛮重视啊。我们现在一些老师傅出去都不认识我了。我婆婆说天天早上一起来就搞你的剪纸，一分钱都没有，我说这是种艺术，因为我爱好这个，爱好这一行。

我们还是很希望政府支持这一行，要有领头羊。我们不过把手艺献出来，没有权力搞这个事。我晚上睡觉就想我这剪纸的东西，这个剪纸的话我们要把它搞成图案，比如说我们现在是一个门神的话肯定还有人要啊，边做边研究啊，边做边找路。像这种生意我们脑子笨其实很难成功。现在无聊就搞点产品自娱自乐算了。我们现在只有这个理想，搞点自娱自乐。我的徒弟们，现在都有自己的事情，也没得精力来把剪纸真正发展出去了。

（三）纸上雕花

1. 沔阳剪纸的地方传说

沔阳剪纸来源于关羽妻子或是桃花圣母。桃花圣母是道家八大圣母之一，但故事流传却不是很广。太行山区有一个桃花圣母洞，却是以求子为主，与剪纸几乎是不沾边的。在《三国遗事》记载着一则有关“仙桃圣母”的故事，与中国民间桃花女神信仰也较有差异。

外面花样子很少，天门、仙桃、汉川这一带就很多。往潜江、江陵那边走就越发地样式变少了，我们好些东西到那边都不能开张。其他地方我都是不卖花样子的，因为这个市场是没得需求的。我们也没做。其他地方一般没有这个东西，只有我们江汉平原对这个花研究得很深，对这个爱好。江汉平原爱好做花的一天天都是拿着花样做，像你们如果是出生到我们这个地方，你们这些大姑娘、小姑娘一到了下雨天就把花拿出来做，江汉平原都爱好做花。

各地的花样子各有千秋，不过，仙桃这边花样子最多。

2. 沔阳剪纸的工具

沔阳剪纸不同于其他地方的剪纸，都是用板子刻出来的，而板子跟刻刀也有特别之处。板子是剪纸师傅最保守的秘密之一，制作也蛮困难。造板也是一门技艺，你要掌握火候。板子也是由好几种原料做成的，它有石灰、白蜡、麻油还有一些小配方，这都是一代一代传承下来的。陕西那边都是用剪刀，沔阳这边是用刀子，沔阳这边是有两个板，要做粗一点的快一点的要用一个板，做细活在另一个板。两个板子也不同，一个像铁，另一个是软和的。板子看起来是硬的，但用刀子划过去却是软的，这就是手艺，是巧活，东西就高明在这里。

沔阳剪纸的纸一般都是买的宣纸，一是方便买到，二是宣纸作为传统书画用纸具有颇多优点。

沔阳剪纸的刻刀也有好几种，有宽一点的，有窄一点的。那个刻刀就像人走路一样，宽一点的就“走”得快一些，至于那个窄的呢，缝隙太小了就要用到窄的，好像花蕊之类的你不用窄的刀子你就雕不进去，沔阳剪纸的细处往往是比一粒米都小的小缝。内行师傅用的这些刀别的师傅是不能用的，因为沔阳剪纸的这个刀子很细，一般不是真正的内行师傅他们掌握不好。线条，它得一样粗一样宽，这就是真正的功夫。比如新式剪纸《小康社会》，像里面楼房啊车啊等纹路与细节，一般的师傅他就拿不出来，这些东西做起来是很不简单的，这就考验了刀工，过去人家一看你刀工高，才觉得你这是真正的手艺。而刀工的锻炼是一个长期的过程，没有一定的功力他是练不出来的。

磨刀石也有好几种，有粗油石、细油石以及刀子石，这个同样也有讲究。因为沔阳剪纸的刻刀过去并不是现买的。开始那个刀子是个坯子，都是过去的钟表，比如那个闹钟里面它的那个发条，因为这个钢条是最好的，剪纸师傅就用这个钢条，把它切下来，进行淬火，淬好以后再裁成小条条，再以后就成了剪纸的刀。像这种产品第一道工序就要用到粗油石，把它做成一个坯子，坯子做好以后用那个细油石磨好，磨好以后再用这个刀子石青口，就这几道工序。像这些大多都是好多年以前的老东西。

过去并没有印刷机，我们往往先在纸上画个图案，然后铺开，铺了以后就把这个样子往上面一盖，之后用灰的水涂抹，抹好后再晾干，晾干以后就把它倒转过来用烟熏，用烟子熏出来的，就成了花样子的模子。而过去没有订书机便用捻子（俗称纸钉）来固定，捻子是用手捻出来的，把纸捻成钉状，这些属于过去岁月的智慧都有意思极了。

3. 沔阳剪纸的制作

沔阳剪纸过去并不只是一项闲时的手艺，还是养家糊口的手段，所以它有时也需要委托。有一次崔师傅打个电话来，他说："老高，承接一个酒店的邀约，要一幅画，要长好多、宽好多（长多少，宽多少），你快点给我把它搞出来。"然后我再把这酒店的业务承接下来。如果你要出自己的产品的话，你得清楚要做的是什么，把它画下来，再照这模子刻，这都是要技艺的。除了接受订约，有时我看别人一幅画画得蛮好看，回来后就在心里画，画出来了再把这剪纸做了。剪纸原就是来自于农村的，农村的什么花有样子有模子，我们便刻那个版画，再者一般想什么东西的话，这个题材要事先想办法画出来，这个得你自个把它画出来。

做好模子后需要用订书机把成品订在上面一起剪，做好一幅剪纸需要耐心，一步一步完成。

在剪纸过程中，我往往会在雕的时候时不时插一下板子，这个动作是有什么作用呢？用刀子插一下板子，可以起到润滑的作用，这个板子里面是由油、石蜡、灰等好多种材料组成的。这个就像妇女做针线活儿，她们会将针头往头上磨一下一样，是同一个道理，板子里面是有油的，刀子这一插它就光滑了，在这纸上走顺畅些，就是这么个意思。

4. 花样子与风俗

卖花样子也有不少讲究。要别人知道你在卖花样子，我就需要随身带着一个小圆锣一个小鼓，鼓大些锣小些，敲出点子来，发出一声“请——请请——”，那就是在卖花样子。同时要懂得一些江湖话。有些“前句”跟“前麻子”，我们当初都要学这些东西。做生意出去是谈钱的，你的东西卖多少钱啊你就得把这“前麻子”学会，叫“西天秦罗雨，姣花分旭枝”，这是有什么说法呢？你看“西天”的“西”字从“一”，“西”字代表一是吧，“西”字刚好一横，“天”刚好两横，“秦”是三横的秦国的秦，“罗”字刚好有个“四”字，那个“雨”是下雨的雨，这是把它的点连着刚好是个“五”，“姣”啊农村的姑娘“姣姣”就是“六”，“花”下面一个单人旁一个“七”，一个“分”字刚好有个“八”字呢，“旭”里写的“九”字，“枝”字就是一个木字旁，一个“支”刚好是“十”呢，这就刚好一二三四五六七八九十呢。这就代表一个钱数。只要是搞这行的都听得懂，买东西的不知道。这是内行人讲的这些话，这就是手艺人之间的暗号。

花样子在民间也有不少习俗，除了小姑娘，还有老婆婆。婆婆去世的时候当地要做一套花样子穿“过去”呢。姑娘们则做出嫁的东西呢，嫁了之后还给孩子们做那个“涎兜子”、云肩、帽子啊，花样子的用处蛮大、蛮广泛的。剪的图案往往是根据用户的心理需求来的，她说她要个什么样的花你就给她画什么样的花，比如说设计那个枕花的话，那春茅、夏莲、秋菊、冬梅你要先写上。而当家里有老人去世的话通常用“双狗托鞋”这一花样子，做两个狗子和一个鞋盆。具体就是说这老人他这一生不容易，照顾孩子们的时候路走多了，就雕两个狗子，把这鞋托好。这都是老师傅传下来的，属于农村的传说与神话。小孩子出生给他做许许多多漂亮的东西，比如云肩，这些东西做起来都蛮累。此外，以前农村的妇女都褙那个“鞋壳子”，就是用布往门上一褙，褙成薄薄的褙子，干了后撕下来一剪，剪好了就做成花。江汉平原对花的研究深得很，大姑娘、小姑娘一到了下雨天就把花拿出来做。江汉平原都爱好做花，大约这也是花样子流行的原因之一。

【调研附记】

李贾雪铭：虽坎坷亦收获

第一天

一路颠簸来到仙桃市区，和武汉的车水马龙不一样，这个城市人来人往似乎都慢了很多。起初我们是怀着忐忑的心，担心传承人和我们语言不通，担心在仙桃这个陌生的城市步履维艰。但是我们是幸运的，在仙桃做过调研的学姐热情地接待了我们。

与高老师第一次会面称得上是相谈甚欢，高老师健谈，对我们的到来也表现出了极大的热情。在仙桃的第一天我们品尝了仙桃地区的特色菜，还有沔阳三蒸。三蒸即蒸鱼蒸肉蒸菜，蒸鱼选择的是鲫鱼，蒸肉是用五花肉，蒸菜则没什么讲究，凡是菜都可以参与这场盛宴。三蒸肥而不腻，香糯可口。所谓民以食为天，通过食物来感受一个地方特有的文化风俗真的是再合适不过了。

第二天

辗转到了长埫口镇，没有公交车，我们只能步行到石刭湾村。走在乡村小路上其实也是一种享受，我很久没有感受到一路林木葱茏的农家风趣了。我们一路走一路拍照，有湛蓝得没有一丝浮云的天空，有闲庭信步昂首伸腰的猫咪，有红得端庄大气丝毫不妖娆的大门。来往路上砖红色的墙面上，写着具有时代气息的宣传语“落实二孩政策，促进人口增长”。路边小溪潺湲流过。公鸡扑扇着翅膀，在林间泥地里觅食。身后跟着好几只母鸡，它们对自己的长相十分满意，不时发出咯咯的称赞声。

我们一行三人，走在乡村中十分惹眼，不少村民都好奇地打量我们。遇到热情的村民也会邀请我们在院子里坐坐，寒暄两三句。得知我们的来访目的，他们非常热情地给我们介绍高培坤师傅。远离城市的车水马龙，远离灯红酒绿的喧嚣，远离信息爆炸的Wi-Fi世界，踏上了一方净土。连心都随之尘埃落定，只想着追着蜻蜓一路回到最初的宁静里，感受这个世界。也难怪传承人会住在这样的地方。因为心静，方能成事。太多外界干扰，就无法静下心来做事，无法沉淀自己，更无法传承传统文化。我曾一直想着等长大了，就在某个山清水秀的地方，买一块地，种几畦菜，在院子里乘凉，在乡间小路散步，不去争也不去抢。就这样的人生，也未尝不是一件美事。做自己喜欢做的事，像山花一般烂漫而恣意。

中午时，高老师留我们在家里吃饭，我们进一步感受到了乡土风情的淳朴。小猫在桌下绕着圈，尾巴扫过我的腿，毛茸茸的有一点痒。桌上的饭菜简单，但很天然。豇豆是我们自己摘的，白菜是我们在地里挑的，即便天热，也没能阻挡我们体验久违的农家乐。瓦罐煲的骨头汤，咸淡正宜，并且多了一丝乡村特有的鲜美。太阳洒进院子里，却仿佛隔了一层屏障。屋内是不同于空调制冷的荫凉。

第三天

这一天的采访并不顺利，有些尴尬，这是我做田野调查时未遇到的情况。去年的调查，我和传承人是同乡，性格又都十分外向，从未遇到主客突然相顾无言的尴尬情况。作为队长，我压力很大。如果田野调查未能以预期的目的收尾，我将如何面对我的指导老师。晚间，当学姐询问起今日的调研时，我犹豫一番，还是将真相告知学姐，坦白了进展不顺利的情况。学姐耐心安慰我们，指出可能原因。尤其是我们在提问时是否过于书面化，高老师不能理解我们的问题，才会无话可说。另外学姐又就我们目前的调研进度提出修改意见，指导我们仔细询问高老师卖花样子时的具体路线，为其勾勒出一幅路线图。学姐的建议让我们豁然开朗，经过讨论，我们修订了调研提纲里问题的发问形式，并将学姐的建议加入了提纲。学术研究果然还是需要相互交流，相互了解的，尤其是向学姐这样有经验有学识的人进行请教，能收获到很多意想不到的东西。

第四天

改变了调研策略后，我们的工作更顺利了。我们谈论了很多方面。从剪纸的制作到个人生涯的展望。高老师也是被我勾起了回忆。“剪纸只是我的个人爱好，曾经我也把它当作副业，卖了很多花样子养家糊口，现在科技发达了，花样子也不像以前那么走俏了，但我还是喜欢啊。自从三年前脱产，我跟儿子们说，我要休假了。之后我就专心在家里搞剪纸。”说着，高老师就带领我们参观了厅内大大小小的剪纸作品。内容五花八门、刀工十分精致。高老师坦言，自己遇到喜欢的画，自己就会想办法把它变成剪纸作品。高老师的爱人还调侃他“像着魔了一样”——每天闭眼之前就想要做个什么剪纸，睁开眼睛又在想怎么雕才能更好看。

问及高老师对自己的剪纸生涯有何展望，高老师表示：“我是想从我的童年做起，描绘打鱼、插秧的农村生活，用剪纸作品展现合作社时期再到改革开放时期的仙桃地区不同的风貌。”剪纸本身就是仙桃文化的一种体现，用仙桃文化反映仙桃社会变迁，无疑是绝佳的主意。只是高老师觉得十分遗憾的是现在年纪大了，精力不济。“我这种农民，也没有那么多钱来做这个，现在也只有慢慢来，如果能做成，捐给仙桃文化馆，也算是一笔精神财富。”

第五天

我们在资料整理过程中发现另一个问题，高老师作为非遗传承人，由于沔阳雕花剪纸的特殊性，匠人以出售花样子作为谋生的一种手段，因此他们对自己作品的具体年限是语焉不详的。高老师坦率地说：“很多年的事情了，根本没有认真记过，也不记得那些年有什么好的作品。”关于他的作品年表，我们无法完成。我跟队员们商讨了很久，认为民间传承人，作为一个普通的手艺人，他没有这么多细致的作品，但他有着丰富的人生经历。早些年走南闯北，对高老师的艺术风格产生了影响，我们或许可以依据这个，做一份高老师自己的大事年表，不一定得拘泥于作品年表本身。因为高老师正是民间很多普普通通传承人的一个代表，在跟学姐和指导老师沟通以后，我们再次更改方案，将为高老师做一份大事年表。这样口述史也能体现一个普通人所做的传承非遗的大事。非遗传承仍需要我们努力，去寻找散落在民间的传承人。

第六天

我们依依不舍地离开了仙桃，结束了调研。此次田野调查，遇到的问题比去年更多，但收获也更多。对突发情况的处理，对资料的收集整理，协调队员的分工，都让我学到了不少的东西。乡路并不好走，尤其是在烈日的暴晒下，我们仍然坚持了下来。因为我们明白了做学术，无论是实地调研还是书本学习，都是要吃苦的。年轻人，要敢吃苦不怕吃苦，才能真正有所收获。

黎晓晴：纸上生花

江汉平原与岭南不同。岭南的乡村总有几座矮矮的丘陵，常年的青翠，房屋傍着山；而石刭湾村却是名副其实的平原。岭南的老屋会有四方的天井，推开门的第一眼便是它；而石刭湾村的老屋虽然有同样布满苔痕的黛瓦，但有着小巧的飞檐，推开门便是中堂，厅后是条自家的巷，再是厨房。这是我第一次来到江汉平原，真真切切地感受到了与我的故乡不同的风景。

我们由仙桃市区坐着绿皮的小巴来到长埫口镇，再步行到村里。乡村很静谧，年轻人大多选择外出打工，农村多是老人与小孩，年龄巨大的裂层，只有新与旧。在早上与下午走过乡间小路往往鲜少人迹，有犬吠与蝉鸣。

夏天的太阳果真炙热，镇上的尘埃也无力扬起，我们谨慎地走在路上，怕会被热浪扑倒。我们走在乡间小路上寻到一片树荫休息一下，汗流浃背，只能依靠隐隐约约、若有若无的丝丝凉风，甚至划拉着伞以求人造风。路的两边都是房屋，有时一边是树林，隐约看到一条不太干净的小溪，公鸡与母鸡带着小鸡崽走街串巷，小狗要么警惕地盯着我们这些外乡人，要么与别家的狗遥相争吵。

步行近半小时才走到高培坤老人的家，一进门就能看到琳琅满目的沔阳剪纸，正对着门的便是四大美人的剪纸，白纸上是姿色各不相同的四大美女，分别是西施浣纱、昭君出塞、貂蝉拜月以及贵妃醉酒。西施清丽，玉环华贵，每一幅美人图的眉目都有不同。墙上挂满了高老师近年的作品，除了人物还有景色、福字、喜字以及一些新式剪纸，一些有关小康社会的剪纸叫人耳目一新。

从7月3日起，我们仙桃调研队正式开始了对高培坤老人的采访。高老师已经年过七十了，人生七十古来稀，但他却是杨长发年纪最小的徒弟了。他向我们讲述了他的剪纸与生活。从年轻时的小高到后来的高厂长再到如今鲜少有人知晓名字的一位老爷爷，称呼的变迁代表岁月的流逝。

他回忆起年少时常常听到老师傅在村里卖花样子的鼓点，便围到老师傅身旁观望，等到年少便毅然学习沔阳剪纸这门手艺，当时已经是集体合作社，生活的重压是一大阻力，但他还是选择成为手艺人，出师后便带着箱子摇着鼓子“行走江湖”，甚至在打击剪纸、“投机倒把”期间偷偷挎着篮子去卖花样子。后来，他通过选拔到仙桃雕花剪纸社加工出口沔阳剪纸，远销海外。再后来是为皮影戏画样子，中年时开绣花厂，结果好不容易培养的女徒弟纷纷嫁作人妇，难以为继。沔阳剪纸几乎占了高培坤大半人生。但也曾苦于生活，行走中国大江南北，背井离乡贩卖渔网，还曾收过废品，还因为家境拮据将传承人这一位置无奈推脱了。等到垂暮才重拾刻刀，让沔阳剪纸装点家，但剪纸的材料也常常成为高老师目前的困扰。

他回忆起少年学艺时苦练而使得自己手指磨损出血，而通过了去仙桃雕花剪纸社的选拔的他更是夜不能寐，“我觉得蛮高兴的，因为村里蛮多人去选的，然后选到了我，整夜整夜睡不着觉……”而他最为高兴的事除了这一件，还有就是一年的年关将至到大年初一外出卖花样子，鼓子一响，村里的姑娘们便蜂拥而至。沔阳剪纸在那时不仅仅是一门兴趣使然的手艺更是谋生的手段，是他赖以为生的自豪的工作。

而关于高培坤老人近年的剪纸计划，他说他计划着做一幅反映历史的剪纸，他想把鱼米之乡的生活方式、农村的发展变化及他一生的回忆剪成一幅作品。但高老师对生活仍是忧心忡忡，如今没什么收入，但又不想成为家里的负担，只能省吃俭用凑剪纸的材料。

高老师是扎根在农村的手艺人，不同于科班出身的艺术家，他的作品、他的花样子从前都是根据客人的需要以及当地的风俗制作的。譬如当地老人过世时需要雕出“双狗托鞋”的花样子，这是从未听说过的，也没有资料可供考据。他对自己的身份的认知还是农民，职责便是养家糊口，从前是让孩子们读书成人，如今则是照顾身上有病痛的老伴，脚踏实地、兢兢业业地过着小日子。沔阳剪纸从工作退化成喜好，热爱成为唯一的牵挂，这或许是许许多多农村手艺人的现状，生活是唯一的真实，手艺却是汲汲追赶的远方。

高培坤老人自然也希望着沔阳剪纸发扬光大，他时时想着与几个绣娘合作，做出真正符合仙桃特色的作品再送到文化局去。但无论是绣娘还是蚕丝等等材料都不是他能轻易调动的，他自然也知道这个项目需要政府支持，但他又觉得“我没有什么文化的人派头打不响”，怕政府不理解，他是农村的手艺人，甚至说得上默默无闻，如今也已年过七十，孔子说“七十而从心所欲，不逾矩”，他到底只能俭省着做做剪纸了。如果他尚且中壮年，或许还能为这一理想奋发一番，但如今呢？

我们在最后一天走时，高老师问我们学校有没有相关项目用得着沔阳剪纸，用得着他的手艺，但剪纸如今几乎已然是束之高阁的艺术了，现代社会里，它的使用空间太过狭窄。事物往往需要有一定效益才能长青，不然便会式微。回程时，我们遇到了一位头发花白的老奶奶，她还记得高培坤的花样子很不错，或许她曾经也是闻着高老师鼓点子便围过来买花样子的一位小姑娘。几天后她又在家门前认出了我们，闲聊几句，她年轻的儿孙却对花样子、对高培坤这个名字很茫然。鼓子一响生意就来的时代过去了，改革开放以来剪纸技艺渐渐没落，就连高老师也直言他若不是热爱它就不会再坚持做了。仙桃倒是有剪纸培训的基地，但那到底是出于喜欢，如果要让沔阳剪纸的光芒重新焕发，如何做才行？手工艺协会曾经也有剪纸的教学，但是后来因为准备材料烦琐、人才流失等等没法继续，回想也是可惜与无奈。

仲珈慧：源远流长的沔阳剪纸

剪纸是我国历史悠久、分布广泛、参与者众多的一种民间手工艺术，作为劳动人民表现生命意识、抒发生存感受、寄托人生希望与追求的一种文化形式，已被联合国教科文组织列为世界文化遗产。我国疆域广阔，民间剪纸艺术形成了不同流派。千百年来，沔阳民间剪纸以窗花、喜花、春花、炕围花、丧葬祭礼花等形式，融入人们的现实生活之中，记录着这一地域的历史和人民群众的生活。20 世纪 80 年代，沔阳剪纸在文物普查中被重新发掘出来，出现了很多“民间艺术家”，使剪纸艺术得到一定程度的挖掘和保护。进入 21 世纪，作为自然经济产物的传统民间剪纸，受到了市场经济的强烈冲击，从事剪纸艺术的人越来越少，曾为人骄傲的民间剪纸，逐渐淡出人们的视野。近年来，在仙桃市委、市政府的关怀重视和有关部门的大力支持下，在一些有识之士的奔走呼号和积极倡导下，在仙桃市剪纸学会的努力推动下，民间剪纸这一传统艺术又逐渐活跃起来。

1952 年，县文化馆陈由明与剪纸艺人杨长发合作，二人精心整理、设计传统年画《八仙》，多次修改，再由杨长发精雕细刻，获得成功。沔阳剪纸《八仙》，构图严谨、匀称，雕工纤细、柔和，刀锋与破工用得合适，在镂空与留实上都处理得恰当合理，被省群艺馆美术辅导干部殷象益女士推荐，先后刊载于《湖北文艺》《新观察》《人民日报》。剪纸《八仙》和皮影人物剪纸，由县文化局铅印数千套公开发行。

1953 年剪纸《八仙》参加了全国出口工艺品展览会。次年，剪纸《八仙》作为中国民间工艺品远渡重洋，在法国巴黎举办的世界博览会上展出，博得国际友人的赞赏。法国《欧罗巴》杂志选登并介绍了中国湖北沔阳剪纸。沔阳剪纸为社会主义祖国赢得了荣誉。1955 年剪纸《八仙》被送往东欧八国巡回展出，深受外国友人的青睐。他们委托北京国际书店向沔阳订货 48000 套，剪纸出口创外汇 38400 美元，为沔阳创外汇之始。同年，外文版《中国剪纸》亦刊载了沔阳的《八仙》。不久，沔阳县仙桃镇办起了全省第一家雕花工艺社，批量加工出剪纸产品在省内外销售。该社制作的皮影人头剪纸，出口苏联，再创外汇。20 世纪 50 年代，沔阳县曾以剪纸《八仙》馈赠贵宾。湖北省委办公厅悬挂有沔阳剪纸《八仙》图。仙桃剪纸受到各级党委和政府的重视。

剪纸曾被视为“四旧”被扫除，一度销声匿迹，濒临湮灭。粉碎“四人帮”后，剪纸喜获新生。在市群艺馆美术干部廖启雄的组织和带动下，艺人们创作出大批新题材剪纸。省、市电视台曾拍摄、播放沔阳剪纸新闻和专题片达十多次。改革开放以来，县办工艺美术厂和石刭湾村、下查埠林场均办过剪纸加工厂。加工的产品进入广交会，远销意大利、德国、日本、美国、法国、新加坡、马来西亚等国家和地区。县志、区（镇）志刊登剪纸艺人小传。1986 年 10 月撤县建市以来，仙桃剪纸又有新进展，市报和市电台，报道、播放了仙桃市剪纸作品在全省和全国获奖的新闻。市剪纸学会第二届会长王隽创作的剪纸《闹年华》一套 8 张，在北京召开的世界妇女大会上获鼓励奖，向中外游客展示了中国妇女的聪明才智。剪纸艺术家萧国春创作的《中华先祖》在比利时举办的首届世界书画艺术作品大赛中获银奖；《西厢记》《喝的是湖中水》《人民战争的胜利》《江汉鼓声》《江汉小划子》等十多件剪纸作品，先后在省展中获金奖（一等奖）。在中国文联与河南省政府举办的“全国美展”中，萧国春的剪纸《世纪之龙》一套 20 张获特别金奖。

2009 年，由仙桃市选送的《十二花扇》《花样子》等 10 多件剪纸作品，应邀参加在挪威举办的文化对外交流活动，备受外国友人关注。2010 年 2 月，彭场镇窑湾村剪纸艺人翁吟樵应邀到澳门献艺。

剪纸艺术的继承与发扬光大，关键在于专业艺术人才，要建立一支年龄结构合理、老中青相结合、有较高艺术造诣的专家群，形成有深厚群众基础的金字塔形的人才结构体系。因此，要加大对后备人才的培养、培训力度，通过举办不同层次的培训班，召开各种座谈会，举办不同艺术风格的展览，以促进培训工作的开展。同时，结合社会主义新农村建设，也可以结合当地实际，在群众剪纸基础好、人数多的地方，创建以剪纸为载体的“一村一品”“一乡一业”文化富民工程，为保障农民权益，政府在转移支付中应予以财力支持，切实增加农民收入，充分调动农民剪纸的热情和积极性，通过市场化运作来培养造就越来越多的剪纸艺术新星，不断壮大剪纸队伍。

要坚持“保护为主、抢救第一、合理利用、传承发展”的方针和“政府主导、社会参与、长远规划、分步实施”的原则，既要保留和传承沔阳剪纸特有的艺术风格，又要结合新时期人们的审美特点和精神文化需求进行创新；既要遵循非物质文化遗产保护的规律，又要按照文化产业发展的要求，解决保护过程中发展资金短缺的问题；既要保护剪纸艺人的经济利益，又要保证剪纸的艺术质量，以确保沔阳剪纸艺术的长盛不衰。同时要形成剪纸艺术保护与合理利用的资金保障机制，政府应在转移支付中优先保证这项公益事业的正常经费支出。与此同时，鼓励和引导企业投资，利用社会闲散资金做大做强文化产业，动员广大群众广泛参与，努力形成沔阳剪纸这一非物质文化遗产保护和利用的合理利益分配体系，不断拓展文化市场，让沔阳剪纸艺术得到切实的保护和开发，以促进特色文化产业的发展，全力推动特色文化城市的建设步伐。

三、刘锦荣口述志①

【人物信息】

刘锦荣，女，出生于1979年1月，湖北省麻城市三河口镇人，三河口镇民间艺术家，麻城市非物质文化遗产代表性传承人，麻城民间文艺家艺术协会副主席，麻城市第八届政协委员。刘锦荣广泛学习其他剪纸艺术，在原有传统剪纸的基础上进行大胆创新，将现代美术与传统剪纸相结合，以阴刻为主，阳刻为辅，阴阳结合，构图饱满，造型生动；她的作品既有雕刻的立体通透，又有传统国画的丹青韵味，呈现出妩媚娇艳、淳朴华美的艺术魅力。刘锦荣在剪纸的材质上也有创新，她曾选用蜡光纸取代最初人们常用的大红纸，后来又在市场上找到了不易褪色、柔韧抗皱的宣纸。她使用的工具也有从小到大系列型号的剪刀、刻刀。其作品《中原第一松》《杜鹃花海》等代表了三河口剪纸的最高水平。

从小对剪纸艺术耳濡目染，最初通过母亲的言传身教，刘锦荣掌握了三河口剪纸的传统技巧和图案。后就读于麻城理工中专美术专业，掌握了绘画的基本知识之后，刘锦荣开始将传统绘画融入三河口剪纸，善于学习，大胆创新，创造了独具一

① 调查组组长为郭琳聪，调查组成员为黄雅兰、葛筱筱。调查时间：2018年7月，调查地点：湖北省麻城市三河口镇，调查对象刘锦荣。

格的剪纸艺术形态。

（一）家庭传承与学校习艺

从事剪纸行当大多都有自己的爱好在里面。很多人问我剪纸是什么时候学的，我都不记得我是什么时候学会的。我们那时候上学迟一些，七岁才能上学，我六岁半上学老师都不收，我是下半年生日，七岁半才上学，我上学之前就会剪，没拿笔的时候就会剪，就跟着我母亲做剪纸。所以剪纸不是一朝一夕就能掌握的，当然一些简单的技巧还是可以短时间学会的。但要真正地去理解它，从美术这个角度，从剪纸的角度，各个方面都要保护得比较好的话，还是需要爱好和时间，需要久一点，也还要一点天赋。小时候村里我们这个年龄的也有人剪，而且大多数比我们年长的都会。小时候剪的都是简单的、传统的、粗犷的，构图都是自己先画。从小我就比别人剪得复杂一些。

我这个剪纸应该也算是家传的，我的外婆家也做这个，我奶奶家也做这个，我妈妈一辈都会，像我们以前小时候做的剪纸，比如十二生肖，还有小摆件那些，都是跟我妈妈学的。我母亲属于心灵手巧的巧妇，算是当时农村妇女的鲜明代表，周围十里八村逢年过节、婚丧嫁娶，都少不了她的刺绣剪纸。在农闲时节，我们家就是农村妇女集会的场所，大家在这里织衣绣花，雕花剪纸，并以此来换些柴米油盐。在我母亲的影响下，我大概五岁起就开始学剪纸。由于当时家庭困难，没钱买纸，别人扔掉的烟纸盒，学生用过的作业本，老师看过的报纸都是我的剪纸材料。而我的母亲又是从很小的时候就开始跟我的外婆学剪纸、学做针线活，嫁人后又跟随我的奶奶学剪花样底子。因为我自己从小就喜欢，而且那时的氛围很好，像农村嫁女儿，我妈妈有时在别人家帮忙到很晚，我就经常跟她一起去，每个村每个湾，就帮忙布置，都是很美好的回忆。

我的姑奶奶也会剪纸。在我很小的时候因为姑奶奶有大约两年时间常常是一个人生活，母亲便要求我每天放学后去陪伴姑奶奶。那时候，我就看见姑奶奶缝制衣物，她后来嫁到山里面去了，她的后人我都没见过。村书记跟我说她也会剪纸，所以从小就有一种家庭的熏陶。

我们小时候像农村一些祠堂中的木雕，那些雕花的图案有很强的寓意，根本无法想象它没有用什么很特别的方式，就只是靠师傅他们自己的师傅教授的以及艺术传承下来的技艺来创作。比如我母亲当时剪的花样，当然她不是剪了出去到处卖的。实际上小时候在农村，有人拿着大鼓摇着，到处卖剪纸的鞋花样，而且给我的感觉就是都是男的，大多数都是男的剪花样。但是我母亲就是从小喜欢画，我记得她有一个纸叠的书包，特别漂亮，现在已经找不到了，里面都是剪纸花样然后用绒布包皮。当时剪的一些花样虽然看起来很简单，但每一个图案都有寓意。比如说孩子出生的时候，孩子满月的时候，还有老人高寿的时候，年龄不同的都不一样，都有不同的图案不同的寓意在里面。我母亲说她们小时候，一个图案的话，我们现在是画下来就可以剪，但是她们当时几乎就是一个图案一个寓意。一个图案可能需要练个两三天就可以直接剪出来。

剪纸从某个角度来看也需要美术功底，但我们小时候美术课好少，美术教材也没有。我从小就喜欢剪嘛，初中毕业之后，我们市里搞了一个中小学教师美术培训班，委培的那种，我就跟着插班学了几年美术，但学的内容都是基础知识，相当于现在幼师教育的内容。因为之前也涉及一些绘画，我觉得绘画和剪纸都是通的。像我妈妈就是喜欢剪，小时候像村里有姑娘出嫁她也会给人剪，搞几天的样子。还有老年人和妇女绣鞋垫、枕巾，绣花鞋，也要先画花样底，花样也是剪纸的一种。那个时候，农村纸和笔都很少，印象中她做三寸金莲（给奶奶），绣上面的花都是剪了纹样，贴在鞋面上，按照剪纸来绣，其实剪纸的最原始的作用就是这样的。它不是专门地剪出来贴在某个地方，是生活中某种需要，就是妇女绣花的花样是剪出来的。所以剪纸艺人，这个艺人不是说在家里自己剪，而是剪出花样拿出去卖，妇女会买，所以花样基本是固定的。买回来就贴在鞋面上，衣服上，小孩的帽子肚兜上。小时候我妈妈就专门有一间房用来放她的剪纸，都是一些花样。后来纸笔慢慢多起来，就不用剪了，就直接画了。农村的材料也是一种限制，以前没有画笔和专门的纸，只有普通的纸，在什么材质上都可以画，家里有的纸张都可以剪。我的姑奶奶八十多岁的时候还可以自己做排扣的衣服，自己剪自己缝，包括鞋垫也是，用指甲划一道痕就绣一点，我跟了她三年，亲眼所见。有一把挺大的剪刀，一大块布，直接用剪刀剪出来自己缝，没有尺子，就用手丈量。

这些也属于传统的文化元素。在我们小时候，大人跟我们说的传统其实已经有很多被渐渐遗忘掉了，是中国老一辈对于吉利的向往。我记得那个时候我的大伯会唱（当地）民调，唱得很好。那时大家除了农忙，没事的时候，哪家热闹就去哪家唱，我们就都去听。基本上是以唱为主。这个就是，谁会剪谁会唱就以谁为主，他边走就会边唱我们这儿的民歌。现在想听都没有人会唱了。很多东西都消失了。

关于剪纸的方法，我们这个地方，我从小学会的是剪，但也会刻。其实民间的、以前的剪纸艺人，背着箱子到处去卖花样，他的花样是雕（刻）的。因为我们湖北剪纸最根本的是雕花剪纸，剪和雕是结合的，刻刀刻的，并没有剪纸。很多人说剪纸拿刀刻就不是剪纸，不能这么理解。刻刀刻和剪都有类似的意思，我们这儿是包含在一起的。我既会剪也会雕。我们培训的时候，有学刻的，也有学剪的。其实在以前的老人，麻城有一位画家，他也学这个，因为是艺术嘛，他说以前麻城的剪纸会用到刻，有时还是用的针尖凿，有各种手法等等。因为我从小是用剪刀剪的，所以我是剪，但是刻出来也是一样的，都是用刀子在纸上操作，我也会。

三四十年前，那个年代大家都会剪纸，虽然是很粗糙地剪，但已经能满足农村生活的需要了。因为现在的装饰、结婚喜庆用的东西，市场上都可以买到，经济条件决定了现在人家不需要做那个东西了。像这个就类似于我们的绘画，多做肯定就能得心应手，做得少了难度也就大了。像我读书的时候画画，我喜欢画，我看到什么花我就要去临摹，那个时候临摹都是简单的，绘画的工具都还很简陋，但那个时候我的绘画作品就得了很多奖。

加上我从小就是一个性格内向的孩子，比较能静得下来，所以我的母亲见我做事专心，就有心把自己悟到的一些剪纸和绘画知识传授给我。刚好我也很喜欢剪，每天没事都拿着纸剪，后来乡里乡亲的女儿要出嫁了，枕头上要绣花，母亲就叫我来画；前院后屋的人家得了孙子，我也去帮他们画鞋花、围涎花。慢慢地，我就掌握了一些绘画剪纸的基础知识。小学毕业时，我已经能够画一些传统的图案了，比如白鹤采莲、锦鸡闹菊、凤朝牡丹等。后来，又在母亲的支持鼓励下，我选择了进入麻城理工中专的美术班，开始了三年的美术学习。

（二）家庭生活

20 世纪 90 年代末，我从麻城理工中专毕业后，被三河中学聘请为美术代课教师。正是在这里，我认识了我现在的丈夫。他在我们中学教物理，人也是很平和安静的那种类型，跟我的性格刚好合适，几年接触下来我们就在一起组建了新的家庭。

因为我是代课老师，新世纪之初国家规范学校教师任用的时候，我就被辞退了，那个时候就在我们镇上的麻商百货管财务，因为现实工作和家庭的原因，那时刚好生了小孩儿，所以就没有再剪了，而后好多年一直没有剪纸。

2010 年左右，当时政府开始在宣传保护非遗，镇上的陈站长发掘传承人，最开始找到我母亲，我母亲年纪已经大了，眼睛花了，看不清，剪纸本来就很费眼睛的，加上她的手也有些抖了，所以，镇上请她剪的那几幅作品就是我帮忙剪的，那是我时隔好久又开始重新剪纸。结果后来的邀请越来越多，我母亲吃不消了，就说出实情说是我剪的，陈站长知道了就专程来百货商场找我，希望我可以回去专门搞剪纸，把剪纸保护传承下来。但是那个时候，孩子还在读书，如果我放弃了工作，相当于养家糊口的担子就要落在我丈夫一个人身上。当时我们农村教师，一个人的工资是特别有限的，我不愿意放弃已有的工作去搞这个很文化性的东西。我丈夫当时也是不同意的，不希望我每天就这样剪剪裁裁，还是觉得贴近实际一点好。所以我拒绝了陈站长。但是陈站长真的很有责任心，每天都来跟我聊，讲我能够站出来的意义有多大，并且帮我解决了很多困难。家里松了一些，我就剪了一些作品去参加麻城市春节文化周的展览，当时反响不错。所以，2011 年春节左右，政府就支持我在镇上建了一个工作室。那三年，我丈夫一直是除了忙上班，就得忙着帮我管工作室，陪着我到处跑。我当时主要顾着剪纸，家里的很多事都是我丈夫在做，他那几年确实很辛苦。

2013 年左右，因为资金问题，镇上的工作室没有再继续开了，镇政府和陈站长想劝我往市里面发展，但是我婆婆在我们家，老人家年纪很大了，加上孩子读小学，上有老下有小我实在没法脱身。而去市里面，情况我们也不了解，我丈夫不放心我去市里面搞这个剪纸工作，所以我还是选择了留在三河口，把工作室搬进了家里，这样靠着剪纸作品也能有一些收入，又能顾家一点。其实就算是剪纸的非遗传承人，我还是觉得我们是普通大众，还是有普通生活要过。这几年我丈夫也跟我一起，支持我剪纸，帮我处理很多事情，真的很感谢他的理解。

我女儿现在在我们镇中学读初中了。她小时候我也教过她画画、剪纸，她以前还把自己的作品贴在卧室墙上，让别人来看。别人还以为是我剪的，还笑说我的水平也不怎么样，后来才知道那是我女儿的。不过读书比较紧之后，她就不太喜欢搞剪花、绘画这类了，更喜欢看书一点。但是，剪纸还是要讲天赋的，我小时候就是喜欢剪，就是剪得比其他人要好。她以后可能不会走这条路了。选择在她，我尊重她。现在非遗的传承难题就在这儿，没有人来学。我以前也带学徒，但是现在大家生活条件都好了，短期还能剪，长期就没有人坚持了。对我女儿来说，可能还是读书、考大学，然后就离开这个小地方了。她现在还在暑假培训。所以，她会那么一点也就不错了。

我现在的看法就是，我个人会坚持下去，尽自己最大的可能去做。我相信我丈夫会一直陪着我，帮着我，支持我，我们能够一起把这个剪纸做得更好。至于女儿，年青一代有年青一代的生活方式了，顺其自然，我不会作过多要求。

（三）工作经历

我从麻城理工中专毕业后，在三河中学当了一段时间的中学美术老师。在这段时间里，随着人生经验的丰富、美术素养的提升，我的剪纸有了一个转变，主要表现在剪的题材方面，就是从一些花花草草、鸟兽虫鱼过渡到反映复杂景物、风土人情、历史传说等比较宏大的题材。我记得是 1999 年，我们三河口镇举办一次文艺晚会，我设计了一个由剪纸作品做成的底幕，底幕图案以三河口镇当地山水景观为背景，融入当地历史人物，得到了镇上很多人赞扬。因为刚毕业，学了三年美术，又在学校里教美术课，所以那一段时间，剪纸在我手中基本没有停下来过。又因为年轻，所以总想变花样。

后来，政府的人提出给我开一个工作室之后，我其实大半年的时间里都没有同意。因为我觉得他们提出来很简单但是我做起来很难。比如说这个鞋垫，我做了你们都说好看，我觉得它可以卖三百块钱，但是谁会要呢？现在在市场上几块钱就可以买到很好的，我的剪纸也是这样，销路怎么办呢？最后没办法了，剪纸确定了是非遗了，一定要做。政府给我支持，最后在镇上找了一个地方给我开了一间工作室，保证给我打开销路做推广、向外宣传。但是其实工作室全弄好了之后，我还没同意，也没过去。因为我知道我手上只有普通的红纸和一把黑色的小剪刀，是我读书的时候一直在用的，后来出嫁了也一直带着。陈站长把我找过去，我看那么大的一个店面空荡荡的什么都没有，墙上贴了一点墙纸，当时一幅作品都没有，就急着赶了几幅挂了上去。当时就只用了普通的蜡光纸剪了，大概三十多幅的样子。不会装裱就是只用了一个木框或者一个相框把它装进去。也没有粘贴，就直接把它夹在玻璃和背板中间。挂了不到几天之后，那个纸就从里面慢慢滑到相框下面，都滑下来了。搞得我真的是很烦。每天都要创作，又总是有人来参观，要应付，还有题材我也很费脑筋。开始做出来的东西还不行，这是一个问题。装裱粘贴也是一个问题。第一个纸张肯定不能褪色，再一个粘贴，怎么把它装饰得好看，试了很多很多办法。没办法一一说，过程真的是一言难尽。没有谁帮忙。当时我们麻城市有个画家，我去问了，麻城市到处都去问了，整个麻城市没谁会装裱，没谁会粘贴。黄冈、武汉，都没找到。武汉现在有些剪纸艺人，他都是自己剪，自己粘贴。哪怕我们去年去学习的时候，那些比较有经验的资深的师傅，他都不会把自己的技术经验完全教给你。这些方面都是他们自己好不容易摸索出来的，不会轻易说出来。

当时在我们三河口镇商业一条街办了“麻城非遗三河剪纸锦荣工作室”和“麻城市非物质文化遗产三河剪纸展销部”，一开始带动镇上的一些妇女来帮忙剪纸，一些剪纸作品销路很好，政府也帮忙推广宣传，工作室名声很大，三河口基本上所有人都知道。在麻城也参加过几次展览和比赛，有了越来越多的关注，有黄冈市电视台和湖北省电视台的采访。怎么说，创业初期确实很难，我丈夫也跟着受了不少罪，但是在向外宣传上确实起了不小效果。

我以前的工作室里那些妇女会剪，但是她们剪得很粗糙。也有人跟我讨一些花样子回去剪，但是太粗糙就没有装裱的意义。如果你让她一直来学，现在家庭条件好了，妇女也比较懒散，搞短时间可能还愿意，长时间的就没人能坚持了。短时间搞不出效益，要长久做更不可能了，所以她们也就没有心思了。其实她们都有剪的功底，但没有这种意识。加上毕竟是刚起步的文化产业，不太好做，大家就都没坚持下去，所以到最后，还是只有我一个人在做。

反正那几年创业，真的还是很难的，大部分工作要自己扛着做。也有过想中途放弃的时候，陈站长就说，已经到这个时候，再放弃太不划算了。我后来也体会到这个剪纸，既然我会，我剪得还不错，我应该把它保持下去，所以还是做到现在。

对于一个乡镇来说，发展文化产业，难度太大了。我的剪纸刚开始在政府租的房子里面，第一年的租金是政府帮忙交的，第二年开始自己交，我觉得压力蛮大。这个市场还没完全打开，像我这样在家里面，作为手工艺，压力就小多了。慢慢地后来变成我就只做这个，并且剪纸作品也变成一种商品，因为我只做这个但也要养活自己，就只能通过市场这条路。变成商品很多问题也来了，首先纸材不能褪色，还有装裱，粘贴。市场对作品质量要求更高。以前这些东西都不去管它，但后来变成商品以后，要让现代人去接受它，去买它，就要包装得好看。

这两年我也把自己的家庭工作室做得比较有名气了，现在有很多人喜欢我的东西，还有一些外地人专门过来买了收藏。剪纸在变成商品之后，创意变得很难。比如别人订一幅剪纸，把大体要求方向说出来，然后我从专业的角度结合他的要求去给他提建议，完全可以把图稿设计得很好，但是他自己对于这方面就是门外汉，不能理解，这里让修改一下，那里让修改一下。我想说，尽管我把它变成了一种商品，但是说到底我还是一个搞艺术的，手工艺人也是搞艺术的。从艺术的角度来说，我知道怎样设计，怎样安排。但是有些客户只会看漂亮还是不漂亮。他只要求说这样安排好看，但是他所认为的好看在我看来又很不协调，所以还是很无奈。这些东西还是需要普及，让大家知道这个东西基本的知识，怎样合理。然后慢慢了解掌握，慢慢就可以自己分析。

所以，整个过程各种条件都还是挺不容易的。我自己觉得，我一个人，现在能做到这种程度，可以算是很成功了，要发展这种传统的民间文化真的是非常难的。

（四）剪纸技艺

1. 剪纸由来

剪纸在我们这里已经有很久的历史。在我小时候，货郎走街串巷卖针头线脑花样子，妇女们用买来的花样子绣成衣服鞋帽上精巧的花纹。当然其实更多的还是自己剪，毕竟货郎来的次数并不多。她们绣花的巧手同样可以剪出精细动人的花纹。在那个物资奇缺的年代，村里文化人当然也不多，几乎不存在笔这样的东西。妇女们都是依靠自己的想象与巧手来剪出花纹，这是我们三河口镇一直以来的传统。剪纸与我们的生活密切相关，与身上的衣、脚上的鞋有着密切的关系。其实剪纸就是绣花最初的形态。因此，剪纸的花纹跟其他的传统手工艺形式有着共通之处。比如传统建筑上的雕花纹样、年画，等等。只是同时加上一些地域特色的元素。还有就是村里的婚丧嫁娶，这样的事情当然都是村里的大事，有着很强的仪式感，需要盛大的装饰来营造气氛，因此剪纸也就有多种类型。

一是绣花纹样，有花鸟虫草之类的，做衣服鞋子上的装饰。用得最多的就是鞋面上的，一般都是以花草居多。在花草中比较有当地特色的就是一种花，我不知道它的名字，就是一种在水田里面常见的花，长得很像玉簪花，我们这里绣花剪纸都会用到，我也在当地博物馆的古画上面见过。还有就是鞋垫，到现在本地绣鞋垫的人依旧很多。妇女们剪了纸往鞋垫上绣上雍容的牡丹。武汉的汉绣很出名，我们这里的绣花其实也是相似的，或者可以说是同一个体系的产物。绣花的针脚密，具有很强的装饰性，但是绣出来又很平整，穿起来很舒服。

二是红白喜事之类的活动中使用的。比较喜庆的题材，最广为人知的就是红双喜，还有各式各样的福娃娃，追求幸福美满的意义。丧事也有相应的题材纹样，最常见的就是寿字纹还有白鹤，因为白鹤基本上就是长寿的象征。而比较具有我们当地特色的就有白鹤采莲、蝴蝶戏金瓜、笔锭如意，就是一支毛笔，寓意就是必定如意。其实还有很多我们当地特有的纹样形式，我母亲她们一辈估计还记得，但是现在基本上都已经失传。我以前见过我母亲的一个小书包里面有各式的剪纸花样，那个包绣得很精致，但是现在已经找不到了。过年过节用的就不必多说，就跟年画是差不多的花样与题材，多是福娃娃、佛手、蝙蝠、葫芦、石榴这些经典题材。只是剪纸的外围有一个几何形框，这个外框的样式也是多种多样的。

三是民俗信仰活动，关于民间驱灾辟邪的。有时候如果家里遇到一些小灾小病就剪一些东西来烧掉，我们当地的说法是“抗邪”，会请专门的人来看，然后针对情况剪一些纸样来烧掉，寓意去掉灾难，以求平安的意思。

2. 剪纸题材与创新

我现在的很多作品也是在这些题材的基础上发挥的，增加了山水和人物的元素。我的剪纸作品有很多是关于我们麻城当地风景的，比如说杜鹃花海、三台八景。杜鹃花海是很出名，三台八景也是我们麻城很有名的几个景点。不过有的已经消失了。我是根据麻城县志上的描写来进行创作的。还有相应的人物作品，人物作品其实麻城剪纸一直以来都有，只是最开始的时候只有娃娃，比较偏向于年画那样的，是归属于传统纹样里面的。但是中国传统的人物画还有仕女图、道释、肖像、风俗、历史故事等种类。后来，我按传统国画的其他种类也创作了很多作品。也有民族画的，比如湖北土家族的，我就剪过相关的作品。在我看来，剪纸是宽容的，不拘泥于一种形式。其实以前也未必没有人剪，只是剪得不多，而且对于技术的要求更高而已。

我觉得我的剪纸，肯定继承了前人的东西，但是我也有变化有创新。因为我的思维是跟着时代在发展变化的。按照传统剪纸法做创新的作品，只适合比我们年纪大的和高端艺术人群，但社会大众没法接受它。我现在很多作品就是定做的，根据想要购买的人的期望要求，我自己绘制图案，剪出作品；还有一些就是融合了现代，或者说是现实的元素，是比较创新的，比如我剪的《三台八景》《蔸子火》《节节高》这些。

3. 剪纸特色——精细柔美

可是剪纸还是逐渐没落了，也许真的是时代原因，人变得浮躁不愿意安安静静地去做一件事情。我还记得我小时候，当时剪纸的氛围真的很浓厚。有谁要嫁女儿或者是什么大事的时候，村里的妇女就聚在一起，借着昏黄摇曳的烛火，说说笑笑地剪着纸，剪着窗户和门上的红双喜、喜果和茶盘上喜庆的花纹。有时候可能会是很繁复的花纹，很大的工程，大家彼此谈笑着剪，一个晚上通宵也不觉得累。那是一种记忆，一种氛围，现在看来还是很珍贵，很幸福。我从小就对此类的活动感兴趣，也在跟大人们一起剪纸的过程中了解她们精巧的手艺。剪纸的大多是妇女，应用于绣花，所以剪出来的线条也就自然带上了创作者的个性特点，这是麻城剪纸的地域个性。中国有很多种剪纸，南方北方都有，但是麻城剪纸跟北方的剪纸比起来就细腻很多。也有很多人，甚至有些是专门研究民俗的，他们给我的评价都是细腻。或许这也和我个人的性格有一定关系吧。

麻城剪纸最大的特点就是精细。它使用的工具材料之类都不烦琐，但是剪出来的作品都很精细。如果要我说剪纸最难的步骤在哪里，我觉得每一步都很难。实际上剪纸只是第一步，精细其实也是天赋加上多年练习的结果。我可以用一把小剪刀剪出针孔那样大的圆，这样的精密，才有了剪纸上面那些看起来很难想象的花纹。那些只有几毫米的空隙，加在一起，细密动人，构图完美。有人问过我：剪纸是不是就像雕花一样？我认为是的，其实麻城剪纸也并不是从一开始，或者说整个发展流传的过程之中都没有使用过刻刀。剪纸最开始也是为了实用，以前为了制作出细节足够完美的剪纸，也会使用雕刻的方法，会使用刻刀，并不是说，所谓剪纸，就与雕刻无关。雕刻手法的运用是一直以来就有的，并不是现在发展而来的结果。这也是作品表现的方式。

我现在只需要一把剪刀。我小学五年级的时候使用的剪刀我都保留了很多年，在剪纸作为非物质文化遗产还没有被挖掘的时候，它就一直陪在我身边，哪怕是我手艺荒废的那些年。我的剪刀都是自己买，然后根据自己的需要再打磨而成的，并没有什么太大的特别之处，只是稍微尖些。它在刚到我手上的时候也只是市场上的一把普通的剪刀。以前，我使用的都是 20 世纪很常见的那种又大又重的可以裁布的剪刀。如果你看过我工作就会知道，其实工具没特别之处。我是按照纸上原本画好的纹路，一点一点剪下来的。我是一个手工匠人，或者也可以说是民间手艺人。我的技艺，再娴熟，再精细，跟众多手艺人一样，我们都是由熟生巧，每一个线条对我来说都不是难事，要直就直，要曲就曲。对于剪纸我是有自信的。我认为在剪纸方面我还是有天分的，而且我的性格偏安静也适合剪纸，我可以就这样坐在桌前安安静静剪纸剪很久。

其实各地剪纸的元素是一样的，只不过表达的形式跟自己的地域特色有关。比如湖北，尤其是麻城剪纸，都是比较精细的。但是北方的剪纸就很粗犷，好像跟生活习惯和地域是有关系的。一个老师同样教学生，但是学生会在作品中根据自己的生活习惯，将个性类的东西加进去。比如我之前有一个古代文化方面的老师，经常回来看我剪纸，他是搞摄影的。他说这几年来看我的剪纸，同样一个东西在我手里，剪出来线条表达就不一样。我的线条就比较纤细柔美，跟我的个性就有关，我比较内向。我们家族都比较喜欢黑色的、深蓝石青色的剪纸。但是其实大多数人都喜欢红色的剪纸，因为觉得红色表达情感比较强烈。但是我的亲戚向我要剪纸的时候都一律选择蓝色。我们家族都是比较安静的性格。所以说一个地域、一个家族都有他们独特的生活习性，会在作品里面有所表达。

4. 当代剪纸

美术类的各种技艺之间都有共通性。我从小时候开始就会剪会画，附近很多人也知道。我上学的时候学过一些美术技能，可以很好地完成剪纸的第一步。剪纸不易，后面的步骤也是很困难的。

我个人做剪纸做了很久，这么些年下来也积攒了不少经验。以前只是出于兴趣爱好剪着玩，不需要考虑材料的保存，颜色的停留时间，粘贴，装裱，而要把剪纸真正推广出去就需要考虑这些问题。首先是粘贴。其实剪纸很脆弱，再怎样坚韧的纸张，都会因为胶水的不均匀而变形甚至断裂。我刚开始就在纸张的选取上花了大量的时间，试过各种各样的纸张。最开始用的是蜡光纸，挂在工作室里，过了一段时间都褪色了。还因为粘贴不牢，作品都从相框里滑到了底部。麻城的剪纸起步算是比较晚，在湖北省其他地方有起步早的，他们摸索到了粘贴的方法，但是这属于别人的看家本领，在教授的时候也只会说皮毛，所以我只能自己反复探索。最后找到了两种办法，一是在纸张后面覆上胶膜，在剪完之后用熨斗烫好，这样出来的剪纸很平整，不会出现不均匀甚至断裂的现象。还有就是使用后面有胶的纸，但是这样剪的时候不太方便，有些黏手。

和粘贴有莫大关系的还有纸张的质量。这也是经过反复摸索后知道的。三河口剪纸在最初并不会考虑太多剪纸的保存，因为它只是一个过程，是为最终绣花服务的，剪完之后就开始着手绣，绣完之后不会再记得剪纸，它已经完成了它的使命。就算是红白喜事，或是节日做装饰用也不需要维持太久。可是如果剪纸现在还停留在这个地步，就很难推广，获得新的生命力。所以纸张的质量是重中之重。我也提过我为了这些都付出很多努力。我走遍了麻城所有的卖文具的店铺，把市面上所有的纸都试过了。我买过的纸数量多到堆了满地。但是它们因不符合我的要求而被弃之一旁。最后找到一种最符合我要求的生宣。这种生宣很柔韧不易破坏，也不容易褪色。后来的作品都是统一使用这种宣纸。

其次就是装裱。在刚开始的时候这也是摆在我面前的一大难题，如今我使用传统书画的装裱方式装裱。就是把几层宣纸夹起来先用纸托覆于书画背面，再选取合适颜色的绢布镶边，然后用覆背纸覆背，后装框。我觉得不断探索的过程是非常艰难的，只有自己真正地经历过才能明白。每一种尝试都需要一个很长的时间，装裱的探索时间也不短。哪怕现在的剪纸非遗有了各种组织，但是真正交流的时候，大家其实还是会有所保留，这个也可以理解。我只能自己尝试，说起来还是颇多感慨。最开始剪纸只是简单地夹在相框里，但是不需要多久，有的时候几个小时之后就滑到相框底部。为了防止滑动，我就把剪好的作品粘贴到了纸上，这是第一代装裱技术。比如我的那幅《屈原》，现在作品整体上已经有了一定损坏，因为在展示的时候，长期放置在比较潮湿的环境中，水渗到了里面，剪纸粘贴的那张背景纸已经有了水波一样的纹路，还有或深或浅的水渍，它现在已经不平整了。但是现在装裱就不会这样，不会不平整。前期的很多作品都已经有了跟《屈原》一样的变化，有时候看着觉得很心疼。装裱的难就在于前期探索以及把纸托覆、镶绢的步骤。后面的装框相对简单多了。

因为这些步骤，剪纸已经更加趋向于剪纸画，像一幅画一样被人装裱放到框里欣赏。这不意味着传统的忘却，其实剪纸的传统一直未改变，我依然是利用一把剪刀一张红纸来演绎、来表达一直以来三河口或者说我们麻城剪纸的内容和传统，当然也会有我个人的情绪和表达在里面。实际上上述的一切都是无法分开的，是一个整体。麻城剪纸最初最原始最根本最珍贵的东西一直保留着。我只是让剪纸作品有一个更加长久的生命力，给它一个更加完美的形式，让它可以更好推广下去。我为此，真的做了很多努力。

（五）走出国门

我们这里的剪纸在经过这么多年的努力之后，现在终于有了一点影响力，甚至走出了国门，其实这是一个很漫长的过程。最开始剪纸不受重视，我本身都没有意识到它的价值，我只知道它是我小时候流行但是现在逐渐消失的一个活动。但是经过我这些年不断做的过程，我的认识是一直在变化的。我慢慢意识到这是我们多少年来一直传承下来的东西，不能就让它这样消失，我得让它传承下去，它是我们这里的文化结晶。三河口剪纸作为非遗来说起步还是很晚的，最初，我和我们这里众多会剪纸的人其实都没有这个意识。我和我母亲早前就是镇上比较会剪纸的人。我虽然没有在做传承非遗的这个事情，但是我也经常在剪纸的，因为这是我的爱好。有一次，我剪了一幅作品送给我之前在学校工作的同事，后来不知怎么被我们这里的文化站站长看到了，他此前就一直在挖掘我们当地的传统文化。因为我们这里剪纸的传统很久，但是在那之前他没有看到过具体的作品，看到之后决定说要发掘这个文化。为了这个事情，他找过我很多次，颇有些三顾茅庐的感觉。但是我当时有自己的生活，我有些害怕面对以后的诸多采访之类的活动，所以刚开始他们帮我把工作室开好之后我都还没有同意去做剪纸传承。

后来我还是去了，在政府提供了帮助的情况下把工作室办起来了。在工作室建立之初，文化站给我做了很大力度的宣传工作，在当地，在湖北省都有了很大的影响力。2011 年元宵节的时候，工作室在我们麻城的陵园广场做了一个作品展，还弄了一辆彩车，在元宵灯会上做巡展，这就在我们当地有了很大影响力，也提高了我们当地人对于剪纸的热情。事实上在宣传之前，在麻城本地知道剪纸的人也不多，展览之后就有了很多人购买剪纸产品。此后影响力一再提升，我得以参加更多的活动，还有电视台采访报道。我们做作品展的时候是 2011 年元宵节，6 月麻城本地的电视台来采访了我，做了专题报道。然后黄冈市里、省里电视台都做了报道。我还参加了各项大的比赛、展览。剪纸就是经由这些活动逐渐地为更多人知晓。最使我印象深刻就是我的《蔸子火》2014 年获得“美丽中国梦——中国剪纸艺术精品江苏邀请展”铜奖。这幅《蔸子火》现在收藏在江苏的剪纸艺术博物馆里。我们的三河口剪纸由此被推向省外，获得了全国范围内的知名度。

后来剪纸走出国门也是机缘巧合。走出国门的第一幅剪纸作品就是《节节高》。工作室建立以后我创作的时间更多，所以出来的作品也就相应更多，当然也付出了更多的心血。这幅

《节节高》是我用心构思创作出来的作品，2014 年，在麻城的民间剪纸艺术作品展上展出了。凑巧的是当时湖北大学巡演团到我们麻城来演出，巡演团演出之余在附近游览，然后他们有人就接触到了我的作品。他们巡演团的领导认识我们的文化站站长，站长就给他们领导介绍了我的剪纸。所以《节节高》被湖北大学巡演团收购，后来巡演团又将它带出了国门，送给了中国驻巴西大使馆。这是我没有想到的，可以说是意外的惊喜。

在《节节高》这幅作品被带到国外的时候，我正在进行麻城风景系列的创作，当时创作了很多幅有我们麻城地域特色的剪纸作品。后来 2016 年 5 月的时候，韩国的一个市长带着一个代表团[①]来我们麻城做交流。在访问结束之后，按照惯例是要互赠礼品留念，我们的市委书记就把我的两幅作品《杜鹃花海》《龟峰旭日》作为官方礼品赠送给韩国访问团。据说这个作品得到了他们的赞扬。

我的作品出口到海外的概率不是很大，但也算是通过这两个机会让海外的人认识到我们麻城的剪纸。到如今我总是在想，我的剪纸其实还是需要一个平台来把它推出去，我通过这么多年的努力来完善作品本身，把它变成一个适合推出去的产品，其实它现在也就只差推出去这最后一步了。虽然，之前

① 韩国保宁市政府副市长李相永、韩国大田市中韩日亲善交流协会理事长吴应准等人。

已经有过很多宣传，知道剪纸的人也越来越多，但是大多数人对于剪纸的了解还是太少，本身做剪纸的人也不多。会剪纸的大多数已经是上了年纪的人，而与我年龄相近的，大多又忙于自己的事情。更多的是，不愿意再去做这个事情。所以剪纸的推广还是面临诸多问题。除了剪纸手艺人本身，还有就是受众了。这是推广面临的最大问题。在我们镇上，大家都知道三河剪纸，到了市里知道的人就少一些，省里更少，更不必说全国和全世界范围了。走出国门的作品目前也就是那么几幅。大家不知道剪纸，更加不用说理解了，所以有时候在应客户要求做剪纸时就很为难。我所理解和学到的经验和他的要求有时候甚至是相悖的。比如我曾经遇到一个客人，要求在剪纸的字上使用三种不同的字体。但是作为一个专业剪纸的人，这个要求我很难接受。所以很多时候真的希望我们的三河口剪纸可以得到更好的推广，让更多的人认识了解我们这里的剪纸。

就我个人来说，我觉得我在剪纸方面做得还是比较成功的，但是作为社会推广来说我觉得我做的事还不够，在传承的方面我觉得可能还是个盲区。从我有意识去做这个事情到现在，我投入了很多，付出了很多。其实开始我只是把它当成生活中的一个兴趣爱好，只是单纯地去追求好看，只有很肤浅的认识。到后来政府开始推动的时候，我也还没认识，到现在慢慢自己着手做了，静下心来越来越觉得这个东西还是要传承下去。我们三河镇上，像我这样的人就不是很多。如果我没有做了，到若干年以后这个东西基本上就消失了，再不会有人做了，除非是有人专门来教，来辅导，人们才能够重新燃起剪纸的愿望，但是在农村自发的剪纸应该是不会有。我当时是跟我妈妈学的，我妈妈又是跟我外婆我奶奶学的，这个可以说是地方的家族的自发的传播，不是像学校里有意识地去教授。所以我还是觉得应该传承下去。就算以后做下去了传播广泛了，这不是从外界传播到我们这里来，而是我们这里一直以来就有，不应该让它断了。我后来慢慢自己去体悟，还有近几年来慢慢学习，我传承下去的愿望就更加强烈，坚定决心要做下去。

在三河口剪纸工作室，现在没有人能帮到我，总的来说就我一个人。有能帮助我剪纸的亲朋好友也只能剪比较粗糙的，后期还是得自己来，这就是我觉得很困难的方面。现在政府也经常推广，我自己也觉得应该让更多的人了解它。麻城市也在中小学开设剪纸课，但都还太基础。这个需要改变，不然很多年后，剪纸有什么样的内涵，什么样的文化起源，有什么中国文化韵味在里面，都少有人知道了。其实不仅仅是剪纸，中国很多非遗都面临着这样的困境。我们小时候虽然在农村，但是精神生活是很丰富的，有很多传统的文化元素，是中国人对于吉祥如意的向往。我们其实就是很冷门技艺的手工艺人，坚持做的话确实非常难，当然更需要年轻的人，在后面去推进文化的传承，不然到后面就真的不行了。

2014 年前后，黄冈办了非遗展。当时下午三四点钟的时候有一个人过来跟我讲，说他跑了很多地方，也见过很多剪纸，但是我的剪纸，从他了解到的几个地方，不仅是黄冈市，就是在湖北省，甚至全国都是比较好的。就工艺的精湛程度来说，我的剪纸都是比较好的。可惜我们本地的非遗保护起步太晚了，参与的人也少。我一直都是自己一个人做，社会对这个关注的程度也很少。就像有的人说的，如果在这方面有一个投资人，能够把这个推出去的话，那是再好不过的。这个可以做成一个很大的产业，很多人有钱但是找不到一个投资的门路，也不会想到这个。因为剪纸在社会上的影响还是太小了，人们对它的认知还是太少了。比如我就只是在小镇上有一定的知名度跟影响力。我是一个做事情的人，我会剪会包装也知道怎样装裱好，但是我不知道怎样把它推广出去，这是我本身的一个局限性。

还有就是非遗的申报，启动得越早，配套的工作做在前面就越容易，国家相应的政策支持也更多，做很多事相对来说会容易很多。孝感剪纸传承人徐惠斌老师成立了一家剪纸公司。政府给他二十万，让他去创业、包装打造，也买他的产品，就相当于二十万让他们去处理，最后打造价值二十万的高档赠品给政府。政府支持他把剪纸搞出来。他是剪纸公司的经理，也依然是孝南区文化馆的干部。公司里的销售人员就是文化馆的正式职工，也不需要另外支付工资，他卖的那些产品归公司所有。这个剪纸公司就是依托政府做起来的，在湖北省也是做得最好的一家店。所以，坚持一个东西很难，特别是民间底层的文化，还需要社会更多力量的支持。

【调研附记】

郭琳聪：实践方能遇真知

如陆游诗中所说："纸上得来终觉浅，绝知此事要躬行。"在出发实地调研前，我们仅从报纸或一些书上了解到麻城剪纸，它是相当于女红的，有自己的一套特色风格体系的技艺。刘锦荣老师的剪纸工作室影响广泛，带动当地女性发展传承剪纸技艺……一切看似简单美好而顺利，可实地考察后才能体会到麻城剪纸真实面临的困难局面，与书上说的出入太大。

第一次零距离接触非遗传承人与当地居民，其间也有天气酷热与水土不服的困难，在采访时也遇到过直接拒绝的老人，某些老人的方言并不是特别能听清楚，交流上也会有一些困难，加上社会实践经验的不足，某些资料的保存不当等等，遇到的问题的确很多，但庆幸的是麻城一队三位成员齐心协力，默契合作，共渡难关，还有传承人老师的真诚合作与热心帮助，才有了我们此次实践大致顺利完成。

这次社会实践对我个人来说是一个比较大的挑战，在没有任何心理准备和实践经验的情况下，作为麻城一队队长，一开始就负责联系传承人，基本每次打电话前都要在纸上写下我要说的重点，前几次都比较紧张，到后面全程负责联系工作，也算是锻炼了自己的交际能力。再到第一次采访当地居民，由开始的拘谨到后面可以直接拿个凳子和他们坐在一起慢慢聊天，努力让老人听懂自己的话，并能和他们一起拉家常，这都是我以前少有的经历。

此次是团队活动，我与两位队员一起，从初期做计划，到正式出发实践，又在遇到困难与分歧时，团队成员能相互沟通、理解，并能积极乐观地去应对眼前的问题，我认为这也是麻城一队的优点。

读万卷书不如行万里路，从书本走向实际，从学校走向社会，也让我感受到更多的真实，体会到一些人情世故，书本上的知识永远只是现实的一个折射与总结，真正掌握还是得深入社会来学习。社会也不是只有坏人与坏事，朴素善良的居民也随处可见，在炎炎夏日走进他们的房屋，他们总不忘问需不需要喝水，小小举动温暖了作为陌生人的我们。在这次社会实践中，我大致清楚了当地剪纸的来源与发展，和队友一起采访传承人与当地居民、文化馆馆长、站长等等，了解更多不广为人知的方面与问题，也让我对非物质文化遗产的传承与保护有了更多的思考：很多地方的传统优秀文化在快速消失，农村作为民间文化发源地和流传地，也正在面临现代化转型和空心化，同时越来越少的青年愿意来坚持学习、专门传承这些传统技艺。这些问题影响很大，也正亟待解决。

黄雅兰：三河口剪纸的徜徉之路

剪纸是中国最为流行的民间艺术之一。在第三期“国家非遗千人合作计划”的组织下，我随麻城一队来到麻城三河口镇进行剪纸调研。整个过程中，我们重点采访了三河口镇刘锦荣老师，走访了当地居民，并拜访了市文化馆和三河口镇文化站前站长，充分了解了麻城及三河口镇剪纸艺术的起源、变化、传承和发展情况。在调研中，我也学会了很多，改变了很多。

三河口剪纸：百般变化剪出来

三河口剪纸题材广泛，由于三河口的民间剪纸在四时八节和婚嫁喜庆的民俗活动中占有很大的比重，在具体用途和样式特点上形成了三个类别，有用作美化生活环境的窗花剪纸，有装饰民俗生活的喜花、礼花剪纸，有结合实用工艺的刺绣花样剪纸。

不同于蔚县将一幅作品用白色的宣纸剪成，后利用中国画的绘画方式把它染成各种各样的颜色的多色剪纸，三河口剪纸就是一种颜色的纸剪一幅作品，是较为传统的单色剪纸，以红色和藏青色为主。普遍认为的三河口剪纸只剪不刻实则存在误区，因为湖北剪纸最根本的是雕花剪纸，剪和雕是结合的，刻刀的刻和剪刀的剪都有类似的意思，在三河口也是融合在一起的。

三河口剪纸在传承方面与武汉、孝感等地区剪纸有着明显差异。一方面，三河口剪纸一直以来都没有从妇女女红中独立出来，是当地妇女必须掌握的一门技能，是母传女、婆传媳。另一方面，由于剪纸技艺主要由女性掌握完成，使得三河口的剪纸作品具有优美、清秀、细致、玲珑的艺术风格和地方特色。

目前三河口剪纸最具代表性的人物非刘锦荣老师莫属。从小跟随母亲学习剪纸，在家族的剪纸熏陶下，她扎根于三河口的民间传统，从剪绣花鞋、鞋面、衣裳的花样和嫁娶喜字中慢慢习得家族剪纸技艺。她通过在麻城理工中专美术班的多年绘画学习，结合现代社会及人们审美的变化进行创新，把国画写意、书法、山水之景融入剪纸之中，在题材和手法上实现一大突破。孩童的活泼、屈原的风骨、花草的娟秀、山水的流动，剪纸作品在她的巧手下如同一幅幅生动形象的画卷。刘锦荣老师的现场示范，也让我和组员们大开眼界。

调研之路：乡间的使徒行者

“调研不是旅行”，这是培训课老师对我们的劝诫。我们带着重要的任务而去，也将面对完全陌生的环境、陌生的人，我们无法确定在交流过程中会出现什么意外和惊喜。或许，正是这么多的不确定，才使得这次调研对我来说有种特别的吸引力——确定目标与开展计划、与人沟通、随机应变、胆大心细、团队协作，无一不是调研提给我们的要求，也是调研锻炼出的我们的能力。

从武汉到三河口，从城市到乡村，我们置身于差距，我们体味着差距。三河口的天空一碧如洗，乡间的绿田荷塘一望无垠，青草的香味，火辣的太阳，古朴而破败的石砖房，热心讲述的村民，听不太懂的麻城话，还有这次的调研对象——三河口剪纸，刘锦荣老师三天丰富的口述史和亲自剪出赠送的小作品，小巷中四处走访，听老人们讲故事，文化馆博物馆参观、和老站长的进一步了解情况，一周，我们搜寻到很多材料，也累积了满满的回忆。

每天回到宾馆都累到不行，可是一想起我们肩负的任务，想起剪纸传承的意义，想到自己的每一份尽心付出能带来的那么一点转变和力量，总能给自己带来一份安宁。

我想这也是大学生实践的意义吧，改变自己的同时，改变我们所处的环境，提高自己的同时，为这个社会献一份绵薄之力，通过切身体会，去认识，你看不到的那一面世界。

葛筱筱：式微式微，当何以归

麻城调研让我得以跟三河口剪纸这一非物质文化遗产有近距离接触。初入三河口，就看到林立的房屋，给我们一种繁华的假象。但是当我们停下来，真正走进这个小镇去探索它的脉络和文化的时候，我才发现，其实这座小镇跟三河口本地的剪纸一样，已经衰老。

我们刚开始在当地走访的时候，就发现当地密集的建筑和稀少的人口形成强烈的反差。镇上剩下的基本都是些老人。镇上的房子基本上都很高，是几层的小洋房，可是大多数都是空楼。或者是一栋高大的楼房里只有一两个老人和一个不谙世事的小孩。中青年人是几乎看不到的。我们走在镇上，打量着这座小镇，镇上的老人们也在观察着我们这几张陌生的面孔。按照刘锦荣老师的说法，会剪纸的大多数都是老人，那些六十岁以上的老人。按照这一说法，镇上应该大多数人都对此了如指掌才是。但是在我们采访的时候，被采访对象告诉我们的基本上都是，现在都已经不会了，几乎没人会做这样的事情。或许也是因为剪纸作为曾经的绣花样子，只是作为绣花的一个过程产物，我们在采访的时候，询问老人是否会剪纸，大家都不约而同回答不会。但是问起绣花，又表明可以操作。当然更一致的回答都是，很多年都没有再碰了。

很多年没有再碰的原因是，现在已经用不到剪纸，或者说不需要自己去剪。所有需要的装饰品都可以在市面上买到。所以剪纸就这样逐渐远离了大家的生活。既不需要也没有做这个事情的人，这是大家的话语里面所传达的信息。恍惚间，我觉得剪纸有一种穷途末路的悲凉感。也是因为这样，年轻人也没有人愿意学习这个，可是传承总是需要注入一些年轻的血液，需要年轻个体的加入。

我们采访的中心是刘锦荣老师，想以她为突破点来了解当地的剪纸历史和文化。采访的时候她多次表示，她如今都是一个人在做这件事。尽管镇上还是有很多妇女会剪纸，但是大都剪得较粗糙，又碍于大家的生活情况，几乎没有人愿意去做剪纸这一件事情。“大家都有自己的事情，自己的生活”这是老师的原话。而青少年这一代又与上一辈的知识文化体系几乎断层。可以说传统的文化道德伦理体系正面临危机。这不是杞人忧天，也不是夸大。我们总在说，优秀传统文化正在丢失，而传统的道德伦理风俗都是文化的肢体、文化的血肉。

刘锦荣老师多次提及这么多年其实都是她一个人在做，其实她也希望更多人能够做这件事，更希望是一个群体，大家可以互相扶持共同探讨进步。但是事实并非如此，这么多年，她几乎是孤军奋战。一个人来承受这些重量，或许还是太过于重了。她不是仅仅在用剪刀剪纸，压在她身上的是文化传承的任务。

很多人在说起现今社会的时候总是用“浮躁”两个字来概括。所以总是有人用过去来比较，试图在一些民风民俗还保存有过去特色的地方来寻找脱离浮躁的方式。其实这种行为早在20世纪就已经开始了，寻根文学思潮和那些数量众多的乡土小说就是一个侧面的证明。人们试图以回归过去的方式来重建已经摇摇欲坠或者是已经彻底崩塌的体系。但是这个问题其实依然是没法解决的。新的体系在建立之中，旧的体系不断瓦解，与之同步的就是优秀传统文化的没落。近些年国家试图保护一些优秀传统文化，寻找众多的非物质文化遗产。尽管如此，可是好像有些东西的保护工作已经有些晚了。就像刘锦荣老师说的："如果再早十年来做剪纸的保护会简单得多。"我只希望我们做的，为时未晚。

专题三

湖北非遗群体传承人口述志

非遗代表性传承人名录制度实施以来，极大地推动了非遗保护和传承实践，将“人”的文化力量激活，在全国范围内形成了良好的社会影响，对于中华优秀传统文化的继承与弘扬具有深远意义。国家列出专门的非遗传承人保护资金直接投给个体传承人，充分保障了传承人专项资金的安全落地。由此，这项以非遗传承人为中心的名录制度很快产生积极反响，一批大师级的民间艺术家被命名为国家级传承人，精神引领与经济支持双管齐下，给一生执着追求各种传统文化表现形式的“文化担当者”们以强大的动力，社会身份体制化，文化声誉名人化，创造智慧精英化，代表底层社会的普通的民间艺术家从此升格为国家文化的持有者与传承者，传承人概念深入人心，传承人的生计与劳苦转型为“文化传承与社会担当”。

不可否认的是，个体传承人名录制度因为不能应对所有类型的非遗项目，不能很好地适应非遗传承人的实际情况，忽视了传承人群体的生态传统与文化传承意义，忽视了群体性非遗项目（如传统节日）超越个体的群体性特质，忽视了非遗传承的人民性与共享性品格，忽视了非遗转化与发展的多样性与复杂性，忽视了中华优秀文化传统表现形式的丰富性与实践性，因而在个体传承人评选中也给非遗传承生态带来了不可避免的伤害与破坏，引发了因为国家制度性改变而导致的非遗传承群体的分化与矛盾，有的群体性项目甚至引发了分工协作机制的消解，被保护的国家级传承人被搁置在孤立状态之中，既不能与其他“未命名”传承人再度合作，也不能有效地履行国家级传承人的义务与使命。鉴于此，我们在非遗保护实践与研究中，倡导整体—分类相结合与个体—群体相结合的双重传承人名录制度，将群体传承人保护制度作为国家级传承人名录制度的基础，在充分考虑群体性传承人的能量与利益之后，尊重所有参与该项目的传承人合法权利，进而推行杰出的代表性个体传承人评选制度。

一、伍家沟故事村传承人群体口述志[①]

【人物信息】

罗成双，男，汉族，1944 年 9 月生，丹江口市六里坪镇伍家沟村一组农民。罗成双能唱 600 余首民歌，能讲 500 多个故事，联合国教科文组织、中国文艺家协会授予罗成双“民间故事家”称号，他是伍家沟难得的民间文学传承人，也是湖北省级民间故事传承人。

罗成礼，男，汉族，1957 年 12 月生，丹江口市六里坪镇伍家沟村一组农民。是伍家沟民间故事村罗氏第四代传承人，他能讲 200 多个民间故事。罗成礼所讲的故事生动活泼，通俗易懂，有笑话、神话、传说、歌谣、歇后语等。每次登台都会受到观众的热烈欢迎，是十堰市级民间故事传承人。

葛元起，出生于 1971 年 5 月 22 日，丹江口市六里坪镇伍家沟村四组农民。有“故事家”称号。会打锣鼓吹喇叭，吹唢呐，会操办红白喜事，熟知各类风俗，是正宗的民间艺人。他正在整理部分民间故事，计划出一本民间故事集，已经整理的有 100 多篇，未来预计整理 300 篇左右。

---

① 调研组组长：韦专萍，组员：曹宇航、李湛敏。调查时间：2017 年 7 月 2 日—7 日。调查地点：湖北省丹江口市，调查对象：罗成双、罗成礼、葛元起等人。

伍家沟村系湖北省丹江口市六里坪镇的一个行政村，毗邻丹江口库区，素有“九沟十八洼，一百单八岔，岔岔有人家”之说。该村有3.9平方千米，223户，871人，半数以上成人都会讲故事。伍家沟故事种类齐全，内容丰富，分神话、传说、故事、寓言、童话和笑话等六大类别，已经出版《伍家沟村民间故事集》一、二、三集。20世纪80年代，在伍家沟村已发现传统民间故事一千多个，民歌千余首，该村因此被相关机构命名为“民间故事村”。伍家沟民间故事被国内外有关专家称之为“民之瑰宝、族之精魂”，传统文化的“活化石”。

（一）普通的农民、地道的故事王：罗成双口述志

1. 潜移默化的故事村影响，成为谈天说地的故事篓子

我小时候就爱听故事，我记忆力好，在学校的时候，成绩全班第一，经常考一百分。以前，我有一个干奶奶，是荆州的，搬到这里来和我们一起住。她爱讲故事，我喜欢听，我在很小的时候听到的故事，至今都还会讲。

我从小听的故事多得很，我奶奶、我嬷奶奶（外婆）、我四个姨、嬷公（外公）每个都会讲故事。我啥都会，是打场艺人，在郧县镇、十堰、武当山镇和六里坪镇我专门给人家唱歌，有时候一人能够唱几个通宵。一般有红白喜事了，都有我，都互相讲故事，你讲一点我讲一点，我就记住了。你看，第二本、三本故事书，我的故事多不多？因为我打场，做木工

我也会，瓦工我也会。我不愿意参加故事赛。最后他们两个，李德富、冯明文叫我参加故事村，他们说：“你的歌唱得好，你记忆力好，你肯定故事多。”我说我不参加故事村。李征康老师找我，叫我讲故事，我说我不会讲。他在管理区的办公室叫我坐下来写稿子，要我写故事目录。我坐了很短时间，写了一百个。他（李征康）说：“嗬哟，这真不简单。有的坐很长时间的三五十个故事就算多了，你坐到这一会儿，你就记得一百个。”第一次故事赛，我定250个故事，我说差不多，二百五是骂人，我就是二百五，所以他给我搞300个故事。第一次故事赛在狮子沟中心学校里举行，评委全部是十堰的。我说我没参加过故事赛，这是第一次。我第五个讲，十堰的评委说第五个参赛者讲得最棒。老故事家慢慢都老了，就我参加了故事村。1998年联合国研讨会在北京召开，湖北省我出席参加了，我拿了“民间故事家”的称号。我出席那次捡了大便宜，十大故事家，我搞到第一，为啥呢？那时候十堰东风汽车公司的记者，他来我这儿采访了几次，他说我的故事讲得好，发在《中国文化报》头版头条，还有照片，我们评比的前两天，《中国文化报》就发行了。当时我讲了故事，他们都讲湖北的讲得好，给了我个第一，捡了一个便宜。

2. 成为“中国十大民间故事家”，对比河北耿村与湖北伍家沟村故事

相比于河北耿村，他们做得早一些，我们要晚一点。但我们的故事比较丰富，原来老故事家，有些讲得比较多。我们这的故事来源很广，原来我们有两个打场艺人、渔鼓艺人，走南闯北，听到一些故事回来讲，我们学到了一些。我们这有个老爷子住在陕西，他从陕西大柏树回来了，他也会讲故事。我们这冯家的，冯家山窝窝里头的，有打场艺人，故事也多。我小时候呢，爱跟他们一起玩，你像这个大锣鼓啥子，我一听都会，不用拜师。唱歌，你歌唱得再好，我不评论，我不讨教，你唱几次，我自己都会了。你看现在在六里坪、十堰、关山、郧县这一带唱歌，我只要唱一次，他们所有的唱歌的都佩服我。我唱歌就是有这个劲。中央音乐学院教音乐的导师来找到李征康老师，叫我唱歌，我唱了一天。唱的啥子呢？十堰文联主席陈皮说的是，唱的就是历史学说文。我唱的中央一台讲的唐书，人物一个也没唱错。前几天呢，中央音乐学院又来找我唱歌，我说我不唱。为啥子呢，我是故事家，是故事大王，我不是歌王。我跟李征康老师打电话讲我不去，李征康老师讲他们找你你就要去。那一天，我们去拍了六里坪的外景，到关山拍外景。我唱，十堰党校校长蒋尚新跟在一起，他说你唱得真好。他说我厉害，我说不不不，我是一个普通的农民，和你蒋校长坐在一起感到十分的荣幸。他说不不不，我专程请你喝酒，他说你的特长太多了。我真的是一个农民，文化程度又不高。

3. 无师自通的故事专家，乐于奉献的传承人

以前，我们这儿冬天，外出打工的回家了，他们就坐在一起，然后我给他们讲，他们听、学。有一次武当山旅游局聘请我，我在武当山住了个把月。我们那时候，有乐舞、有武术表演、乐剧、民歌、故事、皮影戏。每次唱皮影戏的，晚上我们在一起，他们讲了长篇大论的故事，讲毕，我回到我寝室去，我立马就把故事写出来了。我把故事写好了拿给老师，他说这稿子写得好得很。

调研学生问（以下略“问”）：那老师您有多少徒弟？您收徒弟要拜师吗？

罗成双答（以下略“答”）：我们不拜师，谁喜欢听故事，我就讲给他们听。

问：您这讲故事都是讲给村里的人是吧？

答：嗯，你看我们这出外也讲故事，红白喜事我们一般在外边，你瞧，电话一来我就出门。给人家打场啊，打场是为挣点钱呀，在家里，讲故事谁给钱啊？我们出门唱一晚上歌，是唱一个通宵，从晚上唱到天明，连说带唱的。

问：村里边有红白喜事，一般都会叫您去吗？

答：村里边的，不。像我们打场啊，起码得五人，四个人打还要有一个吹唢呐，有时候还要有一个吹笙的，就要六个人。他问我要组一班子，比如说，哪一家结婚，是吧，我们要去，有时候我们是六个人去，有时候是五个人。我很早就得到李征康老师指导，我很小的时候我父母就去世了。我是我奶奶抚养大的，读书的时间短，在学校的时候呢，我是肯学习，学习是比较优秀。

问：那您从小听的故事是只要听一遍就可以记住的，是记忆力蛮好的吧？

答：嗯，我记忆力是蛮好的，现在不行了。比方当会计的时候，在年底领导要清账，清几个月，我的账最后是平的。最后我在六里坪镇那个区，连续几年都聘我当主办会计，我的账一直到最后没错过一分钱。现在不行了，现在年龄大了，记忆力不行了。

4. 罗老师参与的各种民间故事活动

1998 年以后，中国民间十大故事家，就再也没有聚会过。十堰市才艺比赛，前年那个才艺比赛，各种才艺比赛，我们村我去的。丹江口文体局的局长叫我讲，我无论如何都不讲，我说讲故事不吸引人，它不比那唱戏啊什么样的，妆画得有多好看。你讲故事，人家只听，没得啥好感。不过那次获奖了。湖北省所有的评委都认可。

问：讲故事是不用装扮，服饰什么的有要求吗？

答：不讲究那些。你讲出来，这故事都有情节，情节好，你讲得不好，品不出滋味。比如说这个故事有头有尾，有始有终，讲出来幽默，你讲出来少头缺尾的，那不行。

5. 不“显山露水”却能教化育人的伍家沟故事

故事多啊，我从早上一直讲到晚上都可以。我讲一个故事，围绕当前形势讲一个。党的十八大提出来的中国梦，我讲一个“梦想城镇”的故事，这个故事的名字叫作“圆梦”。

话说很早以前，有张、李二秀才，同学读书。十年寒窗，正遇大比之年，皇王开科，他二人进京赶考。在赶考的头天晚上，张、李二秀才一夜五更做了四个同样的梦。第二天早晨醒来，张秀才愁眉不展，闷闷不乐。他妻子问他，你今天要进京赶考，早晨醒来为什么愁眉不展、闷闷不乐？他说，贤妻哪曾晓知，我昨夜做了四个梦，不知是吉是凶。他妻子问他，做了四个什么样的梦？他说，我一更做了一个梦，墙头上长个谷子。他妻子说这梦做得好，谷子本身离不得水，它应种在水田里，长在了高高的墙头上，这叫“高中”，这一次你上京赶考一定高中。二更，我做了一个梦，我的两只脚穿了一只鞋。他妻子说这梦又好啊，这叫“一步登天”。三更呐，三更我做了一个梦，外边雨下得很大，我打着伞又戴着斗笠。他妻子说这梦又好，这叫“双保险”。四更呢，四更我做了一个梦，我家堂屋里搁了两口棺材。他妻子说这梦更加的好，这叫“官（棺）上加官（棺）”。李秀才第二天早晨醒来，也是愁眉不展、闷闷不乐，他还唉声叹气。妻子问他，你今天要进京赶考，早晨醒来为什么愁眉不展、闷闷不乐，还唉声叹气？他说，贤妻哪曾晓知，我昨夜五更做了四个梦，我估计凶多吉少。他妻子问他，你做了四个什么样的梦？我一更里做了个梦，这墙头上栽了一个谷子。他妻子说这梦做得不好，谷子本身离不了水，它却种在了高高的墙头上，它不是干死，就是枯死，这一次你上京赶考希望不大。二更我做了一个梦是两只脚穿了一只鞋。他妻子说这梦又不好，这叫“寸步难行”。三更呢，三更我做了一个梦啊，外边雨下得很大，我打着伞又戴着斗笠。他妻子说这梦又不好，你看这上京赶考的举子成千上万，就是雨下得再大，又不能降在你头上，赶考是半点希望都没有。四更呢，四更我做了一个梦，是我家堂屋里搁了两口棺材。他妻子说这梦更加不好，这一次你上京赶考，肯定考不上状元，你气死我哭死，两口棺材一人一口。这样一说这个李秀才呀就没得信心上京赶考了，他就不上京赶考。但张秀才他的妻子圆的梦很好，于是他高高兴兴地上得京去，通过三场应试，考取了头名状元。我讲的你们不好懂吧，我们土语？韩教授，韩致中，认得吧，湖北群艺馆的。他说：“你到联合国文艺研讨会，你说土话，越土越好，别说普通话，因为普通话你又说不好。说个比方，厕所你说茅肆都行。”我们保持我们的原味，我们说土语。有个北大的专家，在我这来过一个星期，她说罗老师你讲荤故事唱荤歌，我说不能，你们是女孩子。她说，不，我是研究生，就是研究这些荤故事的。我说不。讲给他们，他们说讲得好，讲得好。

6. 房县生活二十载与伍家沟故事村的故事相辅相成，成就故事大王罗成双

我是 1975 年迁往房县。讲出来不怕你们笑话，我原来出身不好。我要出身好啊，母校的老师说，读个大学是随随便便的，我成绩确实有那个水准。那时候，我家划成地主，我上不成学。我才学木工啊这些别的，做手艺。在家里不行啊，谈的朋友，有压力，结不了婚。我最后是上河对面房县，倒插门。1986年故事村起头，叫我回来，叫我回来参加故事村，我不回来。因为我在那个地方呢，已经当上干部了，我在那儿也比较好，舒服。我的哥哥罗成贵，他去年去世了，他是国家级非物质文化遗产传承人，他亲自派人上去叫我回来了。他说村里像我这样能讲故事的不很多，他说我小时候就爱讲故事爱唱歌。就这样，才回来的。在那边都喜欢讲故事。我上去我也会打场呢，我也会唱歌啊，都比较好，每一次红白喜事都有我。

房县那边的故事跟伍家沟的故事都是大同小异，你会讲的房县也会讲，房县会讲的你也会。唱歌也是的，关山民歌，我也会唱。关山拍关山民歌电视片，他们专程来叫起我一起去，因为他们没得联合国民间专家，我那个证件是联合国颁的。他们接起我一起去，唱歌我会，讲故事我会，我如果去关山吕家河民歌村住我也可以拿到歌王的地位。因为我歌唱得不比他们差。对，讲故事那是附带的，这故事村成立以后才讲故事的，原来那讲故事是愿意讲，我们围坐在一起来，就这夏天乘凉，来你讲一个故事。大集体干活，人做疲劳了，唉，你会讲故事吗？讲个故事取取乐，逗大家笑笑，振奋精神。像冬天烤火啊，没事了，取暖，你会讲故事，讲个笑话故事，冬天大家哈哈一笑，振奋精神。它实际上没得啥别的实际的意图。你像这个唱歌，你会唱歌打锣鼓的，红白喜事你就去那吃啊喝啊，那往往没得钱。现在你看，像我出门唱一晚上一般是两百块钱。故事分很多类。神话、精怪、传说、地方故事、风俗故事、动植物故事、人物故事，你看这故事分类好多。我们出书，出了好几本书。地方故事，秦香莲陈世美的故事你听过没？秦香莲和陈世美就是我们这里的，陈世美住在荆州朝北，秦香莲说是山坡出生的，我们这儿的地方故事。郡县为什么不开西门，就是有关秦香莲和陈世美的故事。

7. 与时俱进的民间故事在新时代焕发光彩

我还在学校带过学生，那时候，六年级学生能毕业的只三个人，学习成绩差得很，我都把他们带毕业了。他们不行啊，头脑不行。那时候没得电灯，在天没亮之前我给他们讲哪样抓提纲，咋样学习，其他老师都说不让他们再学习，让他们休学。我说，不，你们下课爱咋玩咋玩，但是课堂上你要听我的，攒劲学习，哪里不会的我给你们讲。我把他们都带毕业了。不是说你一直一头扎在书里，你成绩就好。我也为伍家沟的发展提供过创新的故事。有一些是围绕新形势新编的故事。我讲故事是有针对性的，你是医生我给你讲一个医生的故事，你是老师我给你讲一个老师的，像我们这武当山来一个老师，我讲一个有关老师的故事。说一个学生笨得很。往回（以前）读书都是《三字经》《百家姓》是吧，《百家姓》的第一句

“赵钱孙李”，这个学生几个星期，“赵钱孙李”都背不会，你说笨不笨？老师也气啊，老师就说你这个学生真笨，明天中午《百家姓》的第一句，你只背一句。要是背不会，就不要回家吃饭，留下来看校。这个学生啊，晚上回家了就哭起来了，他说：“妈妈，明天我不上学了。”她说：“你明天为啥不上学了？”“老师说了《百家姓》第一句我背不会，明天中午就不叫我回家吃饭，叫我看校。”他妈说：“你咋那笨呢？《百家姓》第一句赵钱孙李噻。”他说，我知道背不会，记不得。他妈打比方说：“你看‘赵’，我们前面不是住着赵大人，不是姓赵吗？‘钱’，你面前戴着的大秦钱；‘孙’，你看你爷抱你背你，你不是爷爷的孙吗？‘李’，你学校的老师不是姓李吗？李学先。”他说：“哦，那是的那是的。”他想了一天，第二天，老师问他说，《百家姓》第一句背会了吗？他说背会了。你背给我听。赵大人大秦钱爷爷孙李学先。老师一听，哎呀，妈呀！你背不会，你还晓得骂我“爷爷孙李学先”。老师给气得，“谁教你的？”“我自己背的。”“你说实话不？”“我说，是我自己背的。”往回子（以前），学生不听就会打，老师说你不讲那就打。这娃子怕，他说我妈妈给我说的。哦，这老师想啊这妈妈肯定聪明漂亮，我要到他家去家访，看看娃子的妈。他说：“好，你回去给你妈妈讲，下个星期天九月九重阳节，重阳节那天我到你家里去家访。”他回去说：“妈呀这可咋搞。”他妈说：“咋了？”他说：“下个礼拜天九月九重阳节，他要来我家里家访。”他妈说：“行行行，欢迎光临。”那天九月九，娃子妈就叫娃子爹说，你出去，她一个人在家里应付。那一天老师去了，老师有文采啊，老师走到家门口就说：“来者堂前。”他妈就想，哦，这定是先生来了。进屋后，老师又说公鸡叫了母鸡应，这娃子妈又说公鸡还是母鸡生。老师没占到便宜。中午孩子妈叫了几个小孩陪着这老师吃饭，这娃子妈炒了一些菜，端到桌子上。端到后就讲，这小孩老师我们九个人就坐在一起，坐毕了。想显文采，今天是重阳节，我们不如说个四言八句，要看九不说九，句句不离九。那谁先说呢？这娃子妈说：“你是先生远道而来是客人你先说。”这老师说：“你是主人你先说。”这娃子妈说：“那我不客气了，八位父老加一翁，盘中房子变一村。今日巧逢重阳节，每人喝了三三盅。这是看九没得九，处处不离九啊，是不是？”老师觉得败下来了说：“乡下女子有才能，句句出来代诗文。各位父老莫耻笑，先生今天当学生。”这故事讲下来长得很。

8. 故事传承的恶劣情境下孜孜不倦的民间故事传承人

就目前来讲我们还在继续传承，但是讲故事的人与原来相比要少得多。为啥子啊，原来都在家，现在都外出打工了。你像我们两个儿子，在六里坪买房子，都在六里坪住。现在大多数都在外地，孙娃子都在外边，都不回来住。原来我们一组有一百多人，现在就只剩下几十人了，都外出了。现在都只剩下小孩子，年轻人都出去打工去了。现在小孩子也会讲故事。我们这里二队的小孩子都会讲故事。

实际上讲故事是惩恶扬善教育人，你看伍家沟出的大学生多，出了四十多个大学生。说个简单的，伍东瑞考清华超四分，他不去，他要读科技大学，读科技大学每一年的奖学金就有好几千块钱。科技大学毕业后，美国要他，他不去，到新加坡去读研去了三年。现在到美国去了，专门研究卫星发射。我们这有一家有三个儿子，是三个大学生，大儿子在武汉办了个餐巾纸厂，现在分配到十堰。老二武汉理工大学读研究生，出来分在武汉，在武汉搞了一个旅游公司。老三读上海交大，从上海交大参军了，当上了连长……你看我们这罗成礼罗书记的二儿子也是大学生，大学毕业的。还有，我们这里刑事案件从来没有过。你看，从 1986 年到现在，我们伍家沟从来没坐过牢的人，没发生什么刑事案件。

9. 罗成双老师说故事的故事

小的时候啊，都听精怪故事，害怕得很。我在很小的时候在猪场管理嘛，他们就讲那个鬼怪故事，怕得我都不敢出这个门。笑话故事我也讲，有很多笑话故事，但是讲实话，这些故事带了点荤味。很多领导来了，他偏偏就要求你讲荤故事，我说我不讲。像这个丹江口有很多大型活动，我们整个故事村就一起去参加活动。我们以前的书记，叫李天有，他讲的故事就都是荤故事。他们评委就讲他是专家，不，他不是专家，专家是那个穿长衣服的。现在南水北调，北京的都来我们这，每天都有，我经常在这里搞接待。有一个女的五十多岁，我讲故事，人家听着高兴。然后李书记讲。她说我不是外行，我是内行，我是作家，我是编辑、记者，他这故事讲得不咋地。上次，台湾中国文化大学金荣华金教授，来这听故事，我在上面讲。他说，我跑了很多国家，你确确实实是专家。日本的加藤千代来这采访，联合国专家来这采访，加藤千代懂六个国家的语言，六个国家的文字，我给她讲土话她都懂，在伍家沟期间是我带着他们参观的，她说你讲的故事挺幽默的，以后来中国我一定来你这拜访你，你确实是专家。但是呢，我确确实实是一个普普通通的农民。

（二）谈天说地，演绎人生精彩：罗成礼口述志

1. 伍家沟故事的发源

我们这里，以前是李书记，李天有负责，他因为身体不适，现在休息住院，我们的工作由葛书记在负责。我是从1990年到村里面生活。从1986年起故事村开始出名，李老师在这里发展，开始收集整理。截至目前，已经出了三本故事集，总字数有一百多万。另外，我们1994年接受了文书（证书），他们都不知道文书是干什么的，因为它是属于村里边的。

以前我自家屋里的堂哥，他叫罗成贵，是国家级的传承人。他是1994年接受称号，一直到现在，也没有换。现在叫

讲故事，过去在我们这个地方，地方语就叫“瞎拍”，当时没得本子没得书，就叫“瞎拍”。改革开放之后，它作为一种文化，开始有人收集整理，专家们称为非物质文化遗产。武当山就叫物质文化遗产，它是去了之后看得见，摸得着的东西，有祖师爷的像啊，有七十二峰，有几宫几庙，它是看得着的。像我们伍家沟故事，是看不着的东西，故事是无形的。你来了，我给你讲了，你觉得这个故事还可以，听着是那么回事，可以传承。要是不讲呢，你就不知道这个故事是什么。我们有很多种类的故事，像人物传说、神话，好像过去也有爱听这类故事的。

很早以前，我的舅舅和我的家人都可以讲故事。我老爹是新中国成立后村里的大队书记。我的舅舅，一个是葛朝玉，一个是葛朝宝，他们都是故事家。这照片上还有，1994 年联合国教科文组织来考察的时候，他拿了个长烟袋，坐那当评委，那个就是我的亲舅舅。所以说，我受了他们的熏陶。起初，讲故事总觉得，它能启发人，也能给人解乏，我说的是故事的作用。我讲一个故事，能够教化你，让你对长辈有孝道。还有一种故事咧，就是笑话，讲出来解乏。从前像我们这个地方干农活，干累了，在当中休息的时候，可以讲个故事来解乏。你累着了，我讲个故事，这个故事一讲咧，你觉得好笑，一笑，就把疲劳抛到九霄云外了，能解乏。受到这种熏陶，我目前也能讲一两百个故事，通过老师们的指点，李征康老师的指点，目前列为十堰市故事传承人。因为国家级的堂哥罗成贵，已经在去年逝世了；下边一个罗成双，他获得了联合国教科文组织颁发的荣誉证书，属于全国十大杰出故事家之一，他原来是省级传承人。因为什么，国家、省、市，每一级都有一个传承人，它的目的呢，就是说故事通过这些人在不同场合的情况下发扬光大，朝下一辈传。有不少的游客和领导说你不要说地方话，你说普通话。我说我如果说普通话，我把你们普通话都给篡改了。我们那个年代上学的时候，老师教了普通话，而我们一般不会说，我们觉得自己说的话和电视上讲的普通话很相近，但是我们说出来很多人听不懂。

2. 最初的接触

我妈妈姊妹三人，她们讲的故事我记忆最深。我姨夫把我扛到肩头上，有一次讲了一个屠夫破谜的故事，农村说屠夫就是杀猪的，他故事是怎么讲的呢？

很早以前，中国属于上国，现在叫大国，邻邦过去叫下国，如果说你这个国家的国力要不如我这个国家，你每年要来给我进贡。那一年，外国给中国进贡了一个哑巴。到了京城之后呢，文武大臣看他不说话，一个劲地用手比画，不明白他是什么意思，皇帝就全国张贴告示，谁能把这个谜给破了，他就来当这个丞相。皇帝为什么这么大的奖励？因为这个谜你要是破不了，他明年要给外国进贡。这样就到处贴告示，过去贴告示不像现在，有监控。他贴了之后没有监控怎么办呢？有两个差役站在告示的两边，谁要是把告示揭了，就要跟差役走，这说明你都知道这上面写的什么。

由于过去不识字的人多，皇帝普天下招贤士，谁能把这个谜破了他就把丞相给这个人来做。一个杀猪匠路过，匆匆忙忙地看到上面贴着一张纸，他也不知道上面写的什么，就把告示一抓拿上回家了。他拿回家的目的是什么呢？拿回家给他老婆剪鞋样子。两个差役跟着一起到了屠夫的家门外边。屠夫跟他媳妇说捡了一张纸，说你每天说剪鞋样子没有纸，我给你拿回来了，你直接剪。他正在和家人说话的时候，两个差役进来了，把来龙去脉跟屠夫一讲，屠夫就解释说："我不识字，不知道上面写的什么。"就把纸还给差役，差役说："那不行，你不能给我，你跟我走一趟。"然后屠夫就跟着差役到了皇宫里。

到了之后，皇帝就说，既然他把告示揭了，肯定就是有能力。其他文武大臣就在边上站着，然后就把这个宝啊，从笼子里提出来。这个宝，就是外国的那个哑巴。哑巴看到屠夫就对着屠夫伸了一个指头，然后这个屠夫，就按照平常的理解，看他伸一个指头，就伸了两个指头。哑巴就按照自己的心意出了三个指头，屠夫当作价钱，又出了五个指头。哑巴一对上号，就把头摸摸，屠夫就把胡须捋捋（过去的人都留着胡须）。后来这个哑巴又把一只眼睛蒙住，屠夫就把自己的腿抱抱。哑巴一看，就想着，这不得了，中国的人才真的多，文武大臣都站着没动，光一个杀猪的就把我打发了，他赶紧起来跑了。他跑了之后，文武大臣就问屠夫："你们刚刚比画的是什么意思？"屠夫说："你看啊。他说他家里面养了一头猪，我说我只能给你二百钱，他说不行，他非得要三百，我就说我就是一个杀猪的，我也不容易，我最多给你加五十，给你二百五十。那个哑巴又说，他把猪养大也是头顶日月。我就想，虽然他养个猪不容易，一年也才把它养大。可是我也不容易，我也是一年到头没有什么积蓄，我也是十分为难。""那他后来为啥蒙了一只眼呢？"屠夫解释说："你看啊，他说他干啥都要用钱，我说的是，那不行，我是杀猪的，我把它卖了之后，是慢慢，陆陆续续才赚回来的。"文武大臣听了就说："那你走吧，可以回家拿猪去了。"

哑巴回去之后和他的皇帝说："邻国大，贤士多，我们不能和他相比。"皇帝就问："这是怎么一回事？"哑巴解释说："你看啊。我伸一个指头我说我是一制度，他就来了个二菩萨；我说是前三皇，他说是后五帝，镇住我了；我头顶日月，他说是桂宝乾坤；我说是出来个灯光菩萨，他说是地上一个白胡子老头；这都是没话说。你看啊，这文武大臣都没动，一个杀猪的就把我给打发了。你说我们怎么比？"

这个故事讲的是民间的厉害的人，但是现在真正有用的还是那些文化人。

讲故事大部分都是受到了祖辈、大人的熏陶，没有谁是突然间就能讲很多。比如说罗成双，就是我自家哥哥，他能说很多故事，也能唱几百首民歌，但是也不能让他不看本子，不提醒一下就全部讲出来。过去干活挣工分，上午或者下午，中途要休息两次，天长就休息两次，天短就休息一次。在休息的时候，大人讲故事。中年人讲一些笑话故事，老年妇女就讲一些传说故事。你想想，为什么年轻人、中年人、老年人有差异呢？这个老年人他的体力比不得呀。年轻人坐着休息一会，马上这个精力就恢复了，就可以了，讲个笑话什么的就能提神。

3. 故事的意义

我说故事能教化人，有它一定的原因。你像我们这个故事村曾经在十堰市就叫作“山旮旯里的牛村”，是什么意思呢？就是我们村里面八百多人口，可是我们出的本科生，占我们整个村人口的 4%，相对于我们周围的来说是比较好的。学历最高的，是美国博士后，现在在世界各国周游，以讲课为生。他是中科大毕业，中科院都想让他留下，但是他觉得大学刚毕业，学问还没有达到一定境界，还需要继续深造。他是新加坡读的硕士生，三年的学业，两年半结业。然后去美国读的博士，在美国博士毕业。现在在美国生活，是两个孩子的爸爸。今年回国，受到很多大学的邀请去讲课。他还是 2015 年世界百强青年之一。还有很多其他学生也是十分不错的，比如中国政法大学、哈尔滨工业大学也都有很多，整个一起是占了 4%，这个里面都包含有故事的教化。以前农村的人除了种地、打工，没有别的选择可以改变人生。但是改革开放以后，可以自己创业，这才能改变你的人生。一是说言传不如身教，不管你走再远，没有一个表率来带动也是不行。二是经常讲一些故事，比如说扬善惩恶，一些美好的品德把它表示、宣扬出来。如果不孝敬老人或者什么的，给他编一个故事，让他知道这不对。有一个故事就是“元七得家产”。

很早以前，有一个员外娶了一个老婆，生了一个姑娘，之后老婆就一直没有生育。直到七十岁的时候，因为家产大，别人又给他介绍了一个，嫁过来之后，给他生了个儿子，叫元七。员外十分聪明，他说我这么大的家产，不能没有一个知心的人来给我代管家产。过去写字不带标点符号，就是一头写过去。他给他的女婿写了一封遗书，有两重意思，一是让他的女婿把家产照看好。二是看儿子长大后是不是成才。他要是有才，这个家产他还能把它夺回来。他就写了个什么呢：“七十老公生一子名叫元七家产付于女婿外人不得侵占。”他就把这个字一头写下来，也没有标点，也没有符号。他把遗书给了女婿，女婿识字，一看：“七十老公生一子，名叫元七，家产付于女婿，外人不得侵占。”这个女婿就想：看，老爹把遗书给了我。从员外死后，就继承了家产，兢兢业业地给他的岳父掌管家业。老爹临死还说了一句，把你的弟弟照看好。因为得了这么大的家产，他就要报恩。元七从小就是由姐姐和姐夫照看，后来上学的时候，姐姐姐夫也供他上学。上了一段学之后，就有邻居说：“元七啊，你姐夫的家产本来就是你老爹的。”这样一说呢，元七想也是，这都是我爹的，回家就问他姐夫：“姐夫，你说这个家产是你的，可是外面说这个家产是我们家的，你有什么证据吗？”姐夫就把当时岳父的遗书拿出来，“你看，这是老爹给我写的遗书，它明明是写了这个家产是给了我的。”这个元七也聪明得很，就把这个遗书翻来覆去地看：“七十老公生一子，名叫元七，家产付于，女婿、外人不得侵占。”元七就对他姐夫说：“姐夫，这上面明明是写的给我的，不是给你。”于是两个人就争执，没有头绪，最后去县衙打官司。元七把遗书拿来给县太爷。姐夫说：“县太爷，你看这是老爹在世的时候写的遗书，明明是给我的家产，现在弟弟非要说是他的，请你给我断案。”这个县太爷看来看去，是的，他就把这个遗书念出来：“七十老公生一子，名叫元七，家产付于女婿，外人不得侵占。”和姐夫念得一样。于是把惊堂木一拍：“小小元七，遗书明明说家产付于女婿，你凭啥在这里胡闹！”元七就说：“县太爷，县太爷，你念错了。”县太爷说：“我念错了，你来念！”元七就拿过去念：“七十老公生一子，名叫元七，家产付于，女婿、外人不得侵占。县太爷，我问你，我是我老爹的儿子，不是外人而是家人，再说女婿他和我不是一个姓，他是外人还是家人？”县太爷一想，是的呀，就将家产判给了元七。

这个故事告诉我们不要小看了标点，就是因为没有标点才有这个争家产。用这个故事可以来教化人，促使他们好好学习。

4. 故事的五大来源

为什么我们这个村子叫作故事村？因为跟周围的村子相比，我们的故事来源更广，有五个方面的来源。

第一个方面是我们伍家沟村离武当山只有八十千米，我们这里经常有人上武当山朝拜。清早上山朝拜，“不见爷，不吃饭”，就是说不见到祖师爷，不给他上香，就不吃中饭。这就算是我们故事村故事多的第一个原因，离武当山近，经常去朝拜，在那里接触到的人也多。一般就是河南的多，和他们一起相处，他们的故事我们也学来一些，这是我们第一个方面。第二个方面，我们前辈有一些渔鼓艺人，也就是一些乞讨的人。他们会打渔鼓，也会说会唱。如果村里面办红白喜事，你要是给得多，他就给你唱得好，说的是你们家怎么好，怎么富贵。你要是太小气，他就拐着弯来骂你，人都是爱听好的。他们走南闯北，我们从这些人那里又学来一些故事。第三，我们伍家沟的人爱看戏，就是搭个戏台子唱戏。我们这里原来有个泰山庙，泰山庙上面有个戏台，我们村里有一个懂戏、专门唱戏的人。如果是外来的人要唱戏，首先要拜访他。你如果不拜访他，你唱戏的那个帽子戴错了，唱戏的步子走错了，他都会当场指出来；如果去拜访过了，他就不说话。看戏本来就是“会看的看门道，不会看的看热闹”，你看得懂他的故事，看不懂步子。但是这个人他懂得戏，你要是一个步子走错了，他都看得出来。所以说，我们这个地方经常会看戏，在看戏方面，就有很多的故事。第四个我们这里离河南淅川近，过去这里是山区，生活比较艰苦，大部分经济来源就是山上的木材。树砍了以后可以做房梁、家具，这些木材运到河南淅川换红薯干。我们这地方大，你到这，他到这，到了这个地方要结识人，一天又赶不回来，中午要在那个地方吃饭，然后要去找人，问他要木材吗，我拿木材和你交换吃的。就这样结识了一些人，带回来一些故事。还有一个就是伍家沟当地的习俗，也是祖先留下来的，还有就是这些红白喜事。这些就是伍家沟民间故事的来源，就是这五大方面。

5. 故事的讲述形式

一般讲故事只是口头表达，不会用到什么道具，就是靠语言，有的再加上一些手势肢体表达。但是老师教学生时会不一样。我们现在有“故事进课堂”的活动。狮子沟中心小学，每一个星期有一节课外活动课，组织学生讲故事比赛，他们大部分就讲鸟、虫这一些。有一个学生讲“小鸡给妈妈报仇”，就讲小鸡用它的智力给妈妈把仇报了。也有教学模式的，就是教化小孩，从小讲文明，做一个对社会有用的人，从这些方面跟他们讲。所以每个星期五的课外活动，在下午，学生有些通过看书，有的通过听大人讲，然后比赛看谁讲得好。

过去讲故事不分场合，为什么不分场合？你听我说，特别是夏天，天气热，时间早又睡不着。不像现在，年轻人大部分都出去打工了。我们记事的时候，村里有八百多人，有大人在家里，不允许你出去打工，天黑的时候，大家都拿个扇子，坐在外面，边扇着扇子，边讲些故事。一是什么咧？晚上睡早了睡不着啊，没的事做，乘凉。第二个呢，也是一种文化，你讲个故事，我吹个唢呐，它也是一种促进，也算是对过去的文化的传承。

有的故事家真正讲起故事来，饭都可以不吃，因为他讲起来劲了。农村里以前有红白喜事，如果说老（死）了人，晚上唱阴歌的时候，几个师傅都在那唱。到了夜深人静的时候，我唱一个取笑你的故事，他又唱一个取笑我的故事，这就叫作“翻墙跟”，唱着唱着有的故事就都知道了。这不管是过去还是现在，对于当地的发展，或者说带动都起到了一定的作用。

一般在喜庆的场合，故事会比较丰富一点。关键是什么？起初，如果说到开饭的时间，还没有上菜的时候，客人围着坐在一桌，然后这个讲故事的人，有的胆子大，有的胆子小，胆子大的开个头先讲，好，其他的哗啦就跟上了。正在办喜事，客人也多，有客人和新娘是平辈的，一个辈分，把她拦住，新娘子啊，不讲一个故事，就不允许你入洞房，拖她的时间。我们这里面有一个片子（纪录片），是 1993 年联合国教科文组织到故事村的时候拍的。讲的是有一个人结婚，大家都让新娘子讲个故事什么的，你不讲一个，你就不准进洞房，是十分热闹的。韩教授，韩致中，一个刘教授，刘守华，还有刘志成老师，他们是以前故事村刚发现的时候，经常陪同那些外国专家来这里调查的专家，对我们这里的风俗了如指掌。特别是韩教授，他对于湖北哪个地方有什么习俗非常清楚。你看他那本民俗的书，上面是写得清清楚楚。韩教授虽然是在城里住，但是他写出来的东西，比如这个小孩抓周，或者写腊八粥，都是清清楚楚。

6. 故事的分类

从前讲故事不分场合，开始讲了，他提的是什么头，后面就跟着来。至于这个故事是神话、爱情、笑话还是寓言，是后来为了转化为文字才将它分类。每个人都会讲故事，但又不一样，根据标准就把它分个类，看这个是神话、童话，那个是笑话，就把它分个类。

二楼那个演讲大厅大概能容纳一百多号人。一般大型的节日活动开展就会在上面举行。或者是故事比赛也在那里。今年六月份，六里坪镇定了一个廉政文化建设基地，包括我们这个伍家沟民间故事村，全镇二十个村，还有他们的机关单位，每个单位开一个廉政大会，我们就是讲廉政故事，就是为了宣传，倡导反腐倡廉。

7. 故事的传承与创新

故事是随时发生的，如果全都是传承下来的就没有创新的内容了。我刚刚讲了，有的故事是根据场合来讲的。上次十堰市来了几个人，我和李老师也在，就是六里坪的李征康老师，我就跟他们讲山里一个老人，在电视里看到现在悬浮列车速度相当快，跑起来就和飞机一样，虽然没有飞机那么高，但是它是不沾轨道跑的。这个老人看到就在想：这个是火车？那个时候都不知道是什么东西。可是这个老人出来看，都说是那一天要试车，然后呢，这个老人就提前赶到山脚下去看。试车的时候，车上的工作人员，那都是高科技人员，没注意，就把他们擦东西的纸，从窗户丢了一张下来，这个老人把鼻子一摸，他鼻子上怎么流血了？他说："我的老天啊，这悬浮列车这么快，一张卫生纸都把我鼻子打流血了。"这是属于一种笑话。你们是学生，都知道，一张卫生纸吹了下来，怎么会把鼻子打流血。这样的故事就是现在的。你说这个悬浮列车，以前都没有这个东西。故事方面都是大同小异，都有相像的，像结合这个南水北调、脱贫攻坚，这里面都有些小故事。都是起初一件事，然后一个过程，到最后有一个结果，分成三部分，一般都是这样。

我们以前大部分都会讲故事，改革开放之后，随着现在的社会发展，大部分人都外出打工，到深圳这些地方。故事是都会讲，但也层次不一，有的会讲几十个故事，有的还能讲百多个。总之多多少少都会，因为它就在这个地方，每天都有人讲，只是讲的层次不一样。

现在讲故事已经有培训班了，每年还有定期的讲故事大赛。过去就是叫"瞎拍"。通过广播电视，或者是红白喜事，大家都聚集在一起，大人们说，小孩子听，有的听着听着就知道了，以前是没有特意培训的，大都是受到老人的熏陶，他们讲，我们听。

8. 故事村的发展

现在了解故事村的方式有很多种，一个是故事集，伍家沟现在已经出版三本故事集了；然后就是计生办，六里坪的计生办，专门讲计划生育的故事。我今年还新出版了关于廉政故事的书。

故事从1986年开始发现，李老师过来搜集整理，也是1986年这个时候。李征康老师很看重这个，为什么呢？那个时候路不通，大部分时候都是步行过来的，不像现在，车子送，那时候都是步行。你看那图片都有，好多专家都是坐吉普车，有的是步行过来的。那个时候条件特别恶劣。我们1993年申报联合国教科文组织故事村的时候，他代表联合国教科文组织来伍家沟，就像农村办事一样的，四个、八个一坐，一共二十多桌。

葛书记对于故事村的发展很有信心，从今年开始，出版了新的廉政故事集，故事堂也专门修整了一遍。村支部也在村里制定了故事村发展的整体思路。而且六里坪镇对于故事村的发展也比较重视，因为它是国家级非物质文化遗产，也是六里坪光辉的一部分，故事村发展得好对于六里坪的发展也是有益的。

现在天气比较热，比较干燥，游客相对比较少。考虑到天气、时间等因素，节假日、星期天游客会多一些，平常来的游客也有。工作日过来的主要是领导，像十堰市、丹江口市的领导。我们这个地方2006年6月被国家列为首批国家级非物质文化遗产，那一批整个十堰市只有三个被列入国家级非物质文化遗产，第一个是伍家沟的民间故事，第二个是武当山的武当道教，第三个是武当的武术，还有一些其他的非物质文化遗产后来才列入其中的。至于传承人这方面，在我看来，不是大事，因为讲故事毕竟是我们这里的根源，生根扎在这个地方，其实每个人都是会讲故事的，只是说胆大的人，你说给我讲一个，他就跟你讲；胆小的人，你让他讲一个，他就说我不会讲，我不跟你讲。

（三）心系故事，灵魂复归：葛元起口述志

1. 以教育为名，行故事之事

我最早接触故事的时候还很小，在6岁，能记事以后就一直在听故事。我们的奶奶辈的人，从小给我们讲故事。那时候没有电视、没有电影，晚上吃过饭了，时间还比较早，没有事了，或者是农忙结束了，大家都会聚在一起讲故事。这些长辈们给我们讲故事，一是跟我们说笑话，逗乐；二是教育我们。我爹妈，也都会讲故事，但是他们去世了。我妈的爹妈更会讲故事，当时伍家沟的故事就是从我妈的爹妈开始发掘的，也就

是冯明茹和庹珠秀，其实真正的讲故事的时间就是我妈的爹妈那一代。然后到我们这代。葛书记（伍家沟现任书记）的父亲以前也会讲很多故事，伍家沟村第一本故事集就基本都是他讲的故事。我会讲故事是在上学了以后，在学校里跟大家一起讲故事。后来真正开始讲故事是参加伍家沟村故事大赛那一次。当时领导们来，我们就给他们讲讲故事。还有一次，十堰电视台的何军成，带队拍伍家沟的宣传片，刚好我当村委会主任嘛，就陪同一起，走到哪里讲到哪里，当时真是讲故事成风。那几年大家对故事重视得很，所以说那几年我的故事也多得很。1997 年以后，慢慢地，故事村也淡化了，我也离开村了，所以说讲的故事也相对变少了。

那个时候，都是大家一坐，就开始讲故事，轮流讲。讲故事一个人讲不好，要有三个五个在那讲。我们这里说是“齐齐落马”，这是我们农村的土话，就是打开话匣子，大家都有话说，都有故事了。比如说我讲个狼的故事，你马上想起个跟狐狸有关的故事了，我一讲个神话故事，那个狼精什么什么样，大家都想起来了，另一个马上想到那个狐狸精啊太惨了，有人想到美人鱼什么什么样。讲故事就是几个人一起，慢慢想的、慢慢过滤的。

印象深刻的是我刚上学的时候，我老妈给我讲的故事，是“喝墨水”的故事。故事是说：以前有两个人去卖柴，挑了两担柴去卖。卖了十五串钱，两人走在路上分账，但是怎么分也分不平均，不是这个多就是那个高，分不平均。然后这时候路过了一个先生，这两个人就说："哎呀，先生啊，您好！您能不能帮我们把这个钱分一般多？"先生说："这个好办，我来给你们分。"这个先生非常聪明，他分成了三份，因为十五串钱嘛，他分了三沓，一沓五串，因为分成两沓一个七串一个八串，怎么也分不好。然后这个老大就问："先生啊，您怎么分这么平均啊？"这个先生就说："我喝过墨水的。""哦，喝墨水，怎么喝墨水啊？""我就是拿以前那个砚啊，自己学啊，自己用的。"弟兄俩商量，我们能不能把这三串钱拿去买砚，我们也搞一点自己喝。弟兄俩一人买了一个砚回去，跟他妹妹说："我们今天遇到一个先生，人家喝墨水聪明得很，我们也喝点墨水，看聪明不聪明。"他妹妹说："那我也喝。"然后兄妹仨都喝了。第一天早晨，老大问老二："老二，你觉得你喝墨水有什么长进吗，聪明了没有？"老二说没有。老大又问妹妹说："你呢？"妹妹说："我也没有。"第二天又问，又没有。第三天了，老大说："我想起来了，我喝墨水聪明了，我的鼻子鼻孔是向下的，要不是向下，（下雨的时候）不把我呛死了。"这是老大说的喝墨水聪明了。老二一想也想起来了，他说："你看，我的小腿都长在后面了，要是长在前面，我走路都要倒着走吗？"老二喝了墨水也聪明了。然后老三呢，老三是个姑娘啊，老大说："妹妹，你喝墨水怎么样啊？"妹妹说："我喝墨水也聪明了，我的两个乳房多亏长在上边，长在下面脱衣服得多难看啊？”老三也懂得了，也喝墨水变聪明了。这就是喝墨水的故事。这个故事教育我们，一定要好好学习，知识非常重要。实际上这些都是很浅显的，就是人的一些身体机能。而他们没有想起来，但是通过喝墨水，他想起来这些道理了。这是强调知识的重要性，墨水就代表着知识。这是小的时候我妈给我讲的故事，跟我说这就是学知识的重要性。所以说，我读书的时候一直很努力。

我上学的时候学习非常好，毕业后我在伍家沟村当村主任，1988 年、1989 年，伍家沟村所有写的、所有讲的，还有这些高音喇叭播报的宣传标语，都是我想的。其中原因有：第一，因为我上学的时候故事听了很多；第二，主要是我字写得好，我当时上学的时候字就写得很好。我成绩比较好，考上了高中，但没有去嘛，所以没有上大学。我一生都耿耿于怀。我告诉我的三个娃子，不能输在起跑线上，必须要上大学，必须要好好学习。每次我和他们讲，我都声泪俱下，我说我一觉睡了几天，在家哭了几天。我哭啊，我一说到这里我就非常伤心的，我后来搬了两次家，别人看到我的那个录取通知书，也说当时这么好的学校都没上，可惜了。都是因为家里太贫穷了。因为我妈妈是六岁送到这里当童养媳，我妈是 42 岁生的我，我爹当时 47 岁。我的爹妈一共生了十一个孩子，成家了六个。所以我们家是比较贫苦的。很多故事感染了我们，很多故事教育了我们，很多故事激励了我们。

2. 为伍家沟传承，呕心沥血谋发展

在 1997 年以前，也就是说 1988 年到 1997 年这十年当中，我几乎就是在伍家沟村参加故事录音整理。故事大赛我也都参加，制作纪录片这些工作我也都会参与。我还亲自接待了来自日本、法国及其他国家的专家学者和领导，我当时还没有小车，都是骑摩托车带他们的。1997 年离开村以后，一直到 2017 年，这 20 年我跟故事村联系不多，故事也讲得少，主要是自己搞自己的事业。

我自己的信息记录，也就是我的大事记，其实是没有正式的电子文档的。我的印象当中能记得一些，但是毕竟过去了二三十年了，我记得的也不是特别多。我当时在伍家沟的时候，主要是为故事村整理录音。后来为了生计我就走了。你看那些照片，整个那个照片墙上面，我留的影非常少。只有一张，只有一个背影，是当时在狮子沟第一次故事大赛时，我是评委的时候拍的。

2011 年到 2012 年，我自费出了伍家沟村第三本故事集。主编是当时我们六里坪镇的镇党委书记刘元明，我和李（征康）老师是收集整理者。2012 年的 9 月 6 日，刘守华老师（华中师范大学文学院教授）和北京大学的一些教授来参加首发式。刘守华老师亲自组织的这个书的首发式。当时出的是最高档的，是彩版的，那个书售价 88 元，那个书只有我和李老师有，别人没有。首发式上发了一百多本。我在村里任职期间接待了日本的学者以及联合国教科文组织的一行，组织了几次故事大赛。伍家沟和狮子沟已经组织了三次故事大赛，第一次在狮子沟举行的时候我还是评委。我们当时这个故事大赛就是各个沟、各个组打上锣鼓，叫上老百姓一起去听，选手讲故事，然后发奖。我说的是我在这个故事村的一些经历。我为这个故事村做出了一些奉献。第一本书、第二本书，都是我一个人的录音整理的，你讲故事我给你录下来，录了以后呢，我再整理，先后出了三本书。也就是说，整个伍家沟一共出了三本故事集。这是 1997 年以前我为伍家沟做的大致的贡献，1997 年离开这个村以后，我就自己为自己打拼。

这 20 年里，中间有故事大赛等一些大的项目我都参加了。每个月 25 号是党的主题日，这个党的主题日，我都要回伍家沟参加。去年我为六里坪镇镇政府的一个公益幼儿园赞助了三千块钱，今年为六里坪镇中学一个篮球广场我赞助了六万块钱，建了一个灯光球场。还有平常啊，给老一点的、岁数大一点的长辈三百、五百就不说了。四川地震的时候，我们交了三次特殊党费，这个你们应该不知道。四川地震的时候，我们是党员，必须要支援，刚好我们又是企业家，然后让我们交了特殊党费，自己交，没有限定，最低两百，最高不限。我三次特殊党费交了不少。我和故事村的大致经历就是这样的。

3. 传承有道，自我努力与家族影响

因为我之前一直在外边工作，在离开了之后就很少讲故事了。这两年，李（征康）老师说让我也在伍家沟村讲一下故事。李（征康）老师说我有一定的传承人资格。其实事实也就是这样的，第一，我具备故事家这个称号；第二，也具备传承人这个资格。

故事家现在评定的标准主要有两个：第一，讲故事的多少是一个硬性的要求，你说要讲三个五个故事，这些你们都会，所以说故事要讲得多，这是第一个。这是个硬件。我估计能讲两三百个故事，这些没有整理。随便整一下还讲得更多。第二，要有传承人资格。我婆婆和我爷爷，他们都活到 90 多，一生都在讲故事，会用故事教育我们。他不会说用什么婚姻法刑法宪法，什么法都没有，他就是一个法，家法。就是用这个法，用故事，用他知道的故事，用身边的事教育我们。比如说要教育我们不能作恶，要做善事，他们就会跟我们说，如果这个人的一生当中都经常作恶，天上下大雨的时候，就会天打雷给他劈了，或者是说恶人不能上武当山，上武当山会掉下来死了……很多这样的故事。就是说家族谱系也是一个重要的评定标准。你看我这个就是有一定的基础。我的外公外婆，我的爷爷奶奶，爹妈都会讲故事。我大哥、我现在的二嫂都是故事家。我的几个舅舅，大舅二舅三舅都会讲故事，然后我们葛家有葛朝玉、葛朝宝、葛朝南、葛廷国等，讲故事的人挺多。我们这个地方，我的长辈葛朝玉、我二叔，他们都会给我讲故事。我们家从太爷到爷爷一直到现在的家族，讲故事的人都很多。然后我自己家，外公外婆都是讲故事的，有很多故事家。比如罗成贵，是我奶奶的侄儿，我姑父、我大叔。李德富是一个故事大王，也是我的姑父。冯明文已经死了，他也是一个故事大王，是我外公的侄儿。我二舅现在还健在，今年快 90 了。大舅已经 90 多了。所以我们家传承这一条也是过得去的。

就我们现在说，伍家沟村报这个传承人，我是最有资格的。并且我出了一本书，伍家沟第三本故事集。当时李（征康）老师 70 多了，每天害病，身体不好还在搞故事的收集整理，我怕这个故事，他带到土里了，我就自费把它给出版了。所以说现在李（征康）老师也认为我是最有资格、最有理由申报传承人的。别人的理由都没有我充分。至于你说传承人评定他们有自己的标准，我自己认为是这个标准。

4. 信手拈来，故事无处不在

平常没事的时候大家也讲故事，说那个“十堰八局”，大家说一个，我说一个。我们十堰故事多，比如，岳父岳母做寿，上桌的时候，来说故事；或者今天中午吃饭的时候，一人说一句诗。也有讲笑话的。

在舞台上，你故事讲得好，要有临时发挥，也就是说一些肢体语言要表达出来。故事要用一些舞蹈歌剧表演的技艺表现出来，我们现在还没有，主要是讲述。会讲故事的人讲得生动活泼，也就是说听众会哄堂大笑，这是第一。第二，自己的肢体语言，要让大家看得比较舒服，容易记下来，就是这样的。

日常生活中也讲啊，比如今天我们这样坐在一起吃饭的时候，开始讲笑话。上次我到山东，山东不是有孔子庙吗，我说，我们那里有个故事，孔子叫孔老二，孔子不会算账，他不吃豆腐。他说，孔子豆腐是我们这里的特色菜啊，这是做得最好的，孔子豆腐是很好的。我们的孔老二吃豆腐。我说我们这边流传的故事是，孔老二很聪明，他家很富有，他不吃豆腐。这就是说出门的时候我们当地的文化要跟别人的交流，也就是说平常我在旅游的时候也讲故事，我吃饭的时候大部分也讲故事。

5. 与众不同，于独到中见本事

现在，我对自己的故事还没有进行整理。但是，我讲的故事主要是有这么几个方面，几代人的相传嘛。第一，讲一些关于孝道，教育下一辈的故事，这是一种故事。第二种故事就是，传统的，我们地理位置的，比如说武当山、祖师爷这些地理位置的故事，狮子沟、烟沟这些名称的来历及一些地域的故事。第三就是讲一些，农村的狼、狐狸及其他动物之类的故事。第四，就是讲鬼娃子这些神魔鬼怪的故事。大概就是讲这四类的故事。其实也跟传统的分类差不多。我的故事大体分这几种。有时候讲讲笑话，笑话有时候一部分出自于古代，一部分笑话是现代笑话。笑话故事讲得比较少。

6. 去而又返，春蚕到死丝方尽，蜡炬成灰泪始干

我现在是个生意人，但是渐渐地我会把重心移回故事村。

这是因为伍家沟的故事我是从小就接触的，这是第一。第二，伍家沟故事是在我手上发扬光大的，从我收集整理故事录音开始。为什么2008年我要回来？原因就是想要把伍家沟的故事发扬光大。当时有一个伍家沟的竞选报告，是关于伍家沟的故事如何发展的报告，就是为伍家沟的发展提供方案。我说如果老百姓你们认同我，我会让伍家沟故事村如何如何发展，我提出了搭台唱戏，让大家致富的想法。我当时的目标是这样的。现在问我为什么参加这个竞选，有几个原因，自己有点钱了，也算小有成就，这是其一。其二，我对故事村的热爱，对故事的热爱。其三，如果我们这个故事现在不把它传承下去，不把它保护起来，以后这个故事村就是空架子，没有任何意义了。

我为故事村付出了十年的时间，从我17岁到28岁。我是1997年也就是28岁的时候离开村的。为故事村，我任劳任怨。如果有一天故事村销声匿迹的话，我会很难过的。毕竟我是最先站出来的。我跟已经过世的罗成贵（很遗憾，你们见不到。如果见到他，他会比我讲得更多）、罗成双，为故事村付出很多。都是自己贴钱，没有任何回报，就是为了故事。你问我要了什么，我没有要任何东西。这些年我连电子档案都没有。我没要过名，更没要过利。也就是模模糊糊地为这个村付出。因为故事村是我从小生活的地方，我对故事很热爱。故事村就是我把它壮大的，我把它发扬的，我把它传承搞下去。日本的专家第一次来是我接待，第二次来我接待，联合国的专家来都是我接待。法国的专家也是我亲自骑摩托车把他带过来，那个时候没有水泥路。每一次，只要我有时间，专家学者教授都是我亲自带。我开自己的车。李（征康）老师别人的车他不坐，到哪里都是坐我的车。80岁了，他肯定坐我的车，都是二三十码的速度，比较慢，他坐我的车比较安心、安逸。所以说这就是我对故事村的热爱。

我现在的身份对伍家沟的发展肯定是有一定帮助的，为什么呢？因为我们最近正在做廉政故事。我把这个故事继续做下去，做好了，对我们的家乡、对我的事业的发展有一定的帮助。每个故事都有一定的价值。我们把它讲出去，也能够教育下一辈。这是说故事能够帮助我们日常的生活。故事，带动我们事业的发展。故事，把我们自己的心净化。故事给我们很多知识。

以后，我也会继续为伍家沟的发展献力，伍家沟需要我，我就回来。如果需要我，我随时会帮的。我必须用我毕生的精力，能把伍家沟发展到什么地步，就发展到什么地步。

7. 展望未来，机遇与挑战并存

伍家沟已经出了三本故事集和一本歌谣集，现在又出了廉政故事。党中央推进反腐倡廉，对伍家沟的发展是蛮好的，伍家沟村迅速地提出了廉政故事。廉政教育了党，教育了人民，所以说故事是有一定的积极作用的。我对伍家沟故事的发展是非常看好的。以后如何发展，我想借故事，以文化搭台，把经济搞上去。搞文化旅游，把故事推广出去。既能讲故事，又能发家致富。现在就是在考虑这个问题。因为伍家沟故事村是很有希望可以走在经济发展的前列的。

那肯定有人提出疑问，故事的性质和意义不就变了吗？以前是为了娱乐休闲，现在是为了发展经济？我觉得是没有变。就比如说我们现在要建设一个接待中心，接待中心建好了，在旁边建一个农家乐，这些小吃就能够带动一部分人（的经济发展）。我就在那里开一家店，提供一间房专门讲故事，人们听故事是免费的。这是第一。第二，开个农家乐，找几个会讲故事的人专门讲故事，给他们补一部分钱（因为他也要生存啊）。这个没有变味。意义上听着是变味了，但是本质上没有变味。本质还是要保证让大家听到好的故事。但是联系到实际，比如前天我们见到的罗成双，他天天就在田里面干活，如果我们给他一间商店，让他就在那里讲讲故事，他的生存得到了保障，就不需要干重活了，故事也得到了一定的发展。还有，我现在到镇上打工，到企业打工，如果伍家沟的经济发展起来了，文化搭台建设好了，我们就不需要出去打工了。但是这个还要看政府出的政策，税收啊，奖励啊，保护措施怎么搞。这些都不是一句话的事，这是一系列的过程。不是我一个人就能把它搞好，它是一个非常伟大的事业和过程。

大部分故事都是传承下来的。现代的故事也有，但是很少。比如：

以前有个算命的，他有个娃子。那个娃子跟他爹说："你会算命啊，我也会算命。"这个故事的名字叫《儿子比老子强》。那一天下大雪了，有一个人骑着马。（到了算命的家里之后）他就把马拴到房间。之后就问："老先生在家吗？"算命先生的儿子说："没有，你有什么事？"他说他想看病。那个娃子让他先把身上的雪打一打再坐下。"我给你看，"他说，"我知道你是从南方来的。""是，我是从南方来的。""你今天的马是借的，不是你的。是不是？""是的。""今天看病你肯定是为了你媳妇，不是为你妈，也不是为了你爹。""是的，我媳妇儿今天肚子疼得很。现在疼得直打滚呢，床上不得睡，现在正在地上直打滚。先生你说怎么办呢？"娃子说："你这样啊，你继续再往北走，走五里，过了座大山，有一家卖黑羊子的，有 60 斤左右的一只黑羊子。你把它买回去杀了。杀了之后给她炖一下汤喝，加上萝卜。这样行吗？"那人说行。然后这个人拿起衣服走了，买这个山羊去了。之后他爹问这个娃子："儿子，你为什么知道这个看病的人从南方来？"他说："他肯定是从南方来的，我注意看了他的鞋。"他爹又问他："儿子，那你为什么说他今天是借的马呀？""这个马，肯定是他借的。因为他不知道这个马是要放到马棚的，他直接拴在屋檐下。如果是他自己的马他肯定珍惜爱护。如果是他自己的马，他会骑会用，会爱护马。"然后他爹说："你怎么知道他是为了媳妇来的？""肯定不是为了他爹妈，而是为了他媳妇儿。外面下这么大的雪，只为自己的爱人，才会付出这份代价。而且他又那么年轻，付出那么大的代价，肯定是为了媳妇，而不是为了自己的爹妈。”他说得很对，也很有道理。然后他爹又问：“那为什么你说要60斤以上的黑山羊啊？”他说：“老爹，今天下那么大的雪。你忘了，上次舅舅说那小羊太大了，60多斤卖不出去。我跟他说把那山羊买了，那舅舅家的山羊，不就卖了吗？这是其一。其二，黑山羊的膻气大，那热量不就大了吗？那个女的不是冻吗？寒吗？山羊热量大，加上萝卜，温补。大雪天，山羊和萝卜一炖，汤一喝，那病不就好了吗？”然后他爹听了，就说：“儿子，你比我强。”这个娃子很聪明，他善于记录问题，他舅舅找他说有没有办法能把养了两年卖不出去的山羊帮忙卖了，（那时候的人穷，再便宜的山羊也要多花点钱去买。）那这个娃子就记住了。在第一次见到来求助的人的时候就可以悉知一些基本信息，说明他善于观察、善于分析。这个故事就是教育人们善于发现问题，善于分析问题。

因为故事大部分来自传承，所以严格来说故事是会越讲越少的。现在，电视手机这些通信工具会影响故事的发展。以前是封闭式的，没有这些工具，大家晚上吃完饭之后就会一起讲故事。现在讲故事就是乐一乐，不是一个必需品。你说这以前人们没事就会讲一个故事。按照现代的步伐，故事肯定是会越讲越少。现在像你们这些21世纪的娃子，故事是很少听。

在你们的书上会有很多故事，但是跟我们自己讲的这些是不一样的。我们这些故事在网上是没有的。我们说的神仙鬼怪的故事、武当山的故事、当地的故事，网上都是没有的。只有我们这些当地的人，讲那个地方为什么叫狮子沟，那个地方为什么叫烟沟。为什么伍家沟的人姓项啊，后来改成姓伍啊？是因为原本姓项，伍家人救了他们，后来才改的。

但即便这些现代化科技越来越多地出现，故事在近期内应该也是取代不完的。一代两代人肯定取代不完，三代四代之后不好说。为什么呢？一代两代人，第一，我们还在传承。第二，专家学者还在研究和推广，你们的到来把伍家沟故事村的发展提上了一个新的台阶。很多专家学者还在考察。所以说应该在一代两代人之间是不会灭绝消失的。后面三四代就很难说了。国家的形势，国家的政策有没有支持研究、开发、保护，这个是最关键的。保护是很主要的，抢救工程要重视。现在如果抢救了就灭绝不了了，不抢救的话可能就会消失。如果没有你们这些学者来研究，那它就是伍家沟的故事而已。就是一个故事而已，它的价值在哪里，没有人发表研究文章，它的价值就体现不出来。没有人在宣传，那它就只是一个故事。所以说这里的很多故事也需要你们这些专家学者以及政府来抢救和保护。像很多2000年后出生的孩子，对故事的记忆就会淡化很多。他们也听故事，不过听的不是我们伍家沟自己的故事。我们这些地地道道的故事，他们没有回来，所以都不知道。他们从小就在六里坪镇或者十堰市生活，没有在这里生活，所以不会知道，这是第一。第二，这些故事没有人跟他们讲过，这些故事在他们耳朵里面没有过一遍，所以他们不会知道。第三，他们没有生活在这个环境，所以不会知道这里的故事。21 世纪，在第三代第四代可能会慢慢地淡化这些记忆，然后就会销声匿迹了。如果没有开发，没有保护，就会销声匿迹。

为了传承把孩子们聚集在一起进行学习这一做法应该说是有必要的。以前我们在伍家沟小学，会有故事走进课堂活动。就是说这节课下雨了，上不成体育课，或者每一个假期就会带孩子去那些树林呀，山上啊，大家就会打秋千一起玩儿，就讲一讲故事。这是当时我在伍家沟当村主任的时候，经常会组织做的。现在伍家沟村已经没有小学了，现在的小学是包括狮子沟在内的五个村合并的，所以说走进校园走进课堂是不现实的。虽然说附近这些村，比如狮子沟，也讲故事，但是他们那里的故事讲得比较少。他们也讲故事，但是，没有开发，没有保护，所以故事也是越讲越少，会讲故事的很多人都已经老去了。像我这样 40 多的还可以讲比较多，30 多的，讲得就比较少了。20 多，十几岁的就更少了。我就说在第三代第四代，如果保护比较少，故事是真的会消失的。所以说保护开发需要你们专家学者的研究和国家的重视，这是一系列的过程，不是一句话能解决的事。如何开发，如何保护，你提的这个问题是很重要的。这也需要你们专家学者来研究来呼吁。

【调研附记】

韦专萍：

作为调研小组组长，我曾经参加过“千人合作计划”的调研，掌握一定的田野作业经验，但是对群体传承人作调查，也还是有些紧张，担心前期文献资料看得太少，相关准备不够充分，时间又比较短，难以获得有深度的调查成果。等到一周的调研结束，这些紧张与担心早已远去，留下的是我们对李老师和几位故事家的美好记忆与深深感激之情。

李征康老师是当地的文化名人，也是文化工作者，伍家沟故事村的重要发掘者、研究者和传播者，可以说，没有李老师的深入调研和长期坚持研究，就没有伍家沟故事村的今天。我们的调研正是由于得到李老师的指导才比较顺利。李老师非常细致、热情地为我们讲述了伍家沟故事村的发掘过程，对故事村的讲述传统和故事家们作了非常翔实的介绍，而且对整体保护的现状也作了自己的分析。他鼓励我们做好调研，勤奋学习，为故事村的传播和研究贡献一份自己的力量。李老师的眼神中充满了希冀与坚定的色彩，让我们看到一位白发苍苍的地方文化精英对乡土传统的朴实情感，也感受到了老一辈文化人对我们年轻大学生的美好期待。在李老师身上，我们不仅感受到了地方文化精英的执着，也体悟到了他们对当代文化剧烈冲击传统村落的忧虑。我们这一代青年人，虽然从小也曾接触过乡村生活，但很快在成长中进入到城市，接触到现代文化生活，那一点点的乡村记忆常常被忽略和隐藏起来，难以成为切实的情感和知识系统。这一次短暂的调研，又让我们回到童年，重新拾起珍贵的乡村生活记忆。朴实的村里人，热情的村干部，精彩故事的讲述家，从老人到小孩，从白天到夜晚，我们都沉浸在故事的生活中，为那些传奇故事和神仙鬼怪所迷，原来的调研担心完全消失。

伍家沟故事村调研，又一次让我感受到"千人合作计划"对于我们大学生的意义。回到乡村，回到童年，回到中国故事的生活现场，重新深入学习中国古老的故事传统，感受到乡土中国的故事，感受到普通人的生态观，生活意味让人久久不能忘怀。

曹宇航：

认识三位故事家，是我这次调研的最大收获。他们朴实善良、能言巧思，以自己的丰富人生阅历和从上一辈老人那里听来的好故事，重新编排成新的故事，既是孩子们的启蒙教育，也是村落和谐的教科书，世世代代讲故事的传统，让这个村落民风淳朴，生态良好。

这些故事中有一类精怪故事，让我特别感兴趣。小时候这类故事听得很多：迷惑人的狐狸精，忽然跑出来抓人双手的野人，最会偷吃庄稼人粮食的鼠怪，躲在黑暗角落里哭泣的小蚂蚁……仿佛一个生机蓬勃的精灵世界，这些故事让贫困封闭的小山村充满快乐，对孩子们好奇心的培养和创新探索意识的引导，发挥着极其重要的作用。我们调研小组在丰富多彩的故事生活中，感受到了自然世界的美好和人世间的温情。我们为故事所倾倒，真正体会到了中国人讲故事的重要意义，它不只是一种生活方式，而且还是人生成长获取意义的有效路径。伍家沟故事村的形成，得益于武当道教文化的滋养，也得益于中原文化的深刻影响，还与历代杰出故事家的个人才华有密切关系，从而成就了一个美丽的故事村。

李湛敏：

这次调研我们得到当地文化主管部门的大力支持，尤其是文化干部李征康老师的指导和帮助。这对于我们大学生而言，实在是可遇不可求的良好条件。反过来说，如果没有这些有利的外部条件，作为长期生活在学校的我们将会面临极大的考验，那么，如果遇到这种情况，我们该怎么办呢？这就是我对调研的反思。

如何开展独立性、自主性调研呢？

一方面，要有团队合作意识。大学生进入社会生活开展调研，绝大多数情况下属于团队调研，这就在一定程度减少了独立自主调研的困难。因此，树立起团队合作意识就显得特别重要。我的经验是，从接受调研任务开始，我们就要主动协作并制订计划，分工收集资料，这个工作越全面越细致越好，从调研对象的相关材料搜集和学术史材料准备，到调研物品的清单梳理与准备，再到田野调查知识的学习，以及如何应对突发情况的安全训练等等。团队一起讨论和准备，既作好了前期准备，也训练了团队协作意识。

另一方面，要有谦虚好学的精神。外出调研会遇到各种各样的情况，只有认真、谦逊、好学，才能获得其他人的尊重与帮助，才能在调研中不断积累新的经验，才能与调研对象形成良好的沟通关系。而且谦虚好学还能让自己保持不断学习的状态，能够迅速进入调研场景，将复杂的人际关系简单化。走出校园进入社会大课堂，我们只有满怀谦虚精神，坚持好学态度，才可能解决好临时出现的很多麻烦。

最后，独立性、自主性调研，还需要结合不断积累的调研材料作出新的讨论，不断地分析和判断这些新材料的意义，不断地与理论知识进行对话，将个人的思考与实践融合起来，坚持创造性解决困难，一段时间后就能够很好地处理调研中存在的问题了。

二、大屋雷中秋祭月习俗传承人口述志[①]

【人物信息】

雷顺祥，1949年出生，字世平，系雷氏家族第25代，中秋祭月仪式主祭。他的爷爷雷桂庭曾与江西姓万的老板搭伙，合办了万顺祥茶庄，其中“万”取自江西的老板，“顺”字取自于他的父亲雷华顺。雷顺祥出生时，他爷爷就干脆以这个茶庄名字给他取名。爷爷希望他一生顺利吉祥，所以取字世平，一世平安，这也是他在雷氏家族中的排名，属于世字辈。

雷声然，1949年出生，大屋雷石城小学教师，教龄近三十年，满六十岁后退休，是发起重视中秋祭月文化号召的第一人。2008年或2009年的时候，他在村口贴出了告示，呼吁全村村民传承大屋雷村的中秋祭月文化。

雷世举，1940年出生，雷氏家族第25代族长，石城村原村支部书记，大屋雷中秋祭月习俗主要复兴人。从2008年开始复兴中秋祭月，到2017年已有十年之久。他高度重视大屋雷的中秋祭月习俗，同时主张将大屋雷的中秋祭月活动发展为商业祭月活动，为村里的经济发展做出贡献，从而更好地打造祭月品牌，提高村民的生活水平，实现小康生活，建设新型农村。

---

① 调研组长：易媛，组员：李雯华、李琦蓉。调查时间：2017年7月3日—10日。调查地点：湖北省咸宁市咸安区桂花镇。

雷应佳，1948年出生，是村中传承非遗的“秘书长”。大屋雷祭月文化尚处在发展期，各方面事务都需要他参与协办。他常常利用工作之余，晚上熬夜为村中写宣传语、文字资料等。“这是我生活除去那百分之九十，剩余的百分之十，我将奉献给我的家乡，只要村里需要我，我就会站出来。”

大屋雷民俗文化村又称石城村，位于咸安、崇阳、通山三区县交界处，“中国桂花之乡”湖北省咸宁市咸安区桂花镇困龙山南侧。境内区位优越，交通便捷，106国道穿村而过，古建筑“雨香书屋”及“讲易堂”与新建筑呈一字形排布，内有西流水沿村流动。人文景观月亮山、月亮塘、祭月坛、江南吴主第一庙以及自然景观“嫦娥梳妆”“石和尚”等彰显了该村浓厚的民俗特色。据《雷氏宗谱》记载，雷氏家族的祖先原是京城里的易学大师，生活在江西九江府，后迁到安徽安庆府望江县。北宋年间宋江之乱，雷氏家族始祖载七公为避难举家搬迁至咸宁县金城，即今天的石城乡，后又经过近千年繁衍至今，已有三十三代人。

如今大屋雷村因其特有的中秋祭月习俗而逐渐为人所了解。大屋雷村保留至今的民间祭祀礼仪“守月华”“中秋祭”保持了远古祭祀的礼乐典制，为楚文化所独有，是中国民俗文化活动的活化石，对弘扬华夏中秋文化有着重要意义。2009年，湖北省民间文艺家协会命名大屋雷村为“湖北省民俗文化村”；2010 年，中南民族大学研究生部将其挂牌为科研基地；2011 年，中国民间文艺家协会命名湖北省咸宁市咸安区为“中国嫦娥文化之乡”，并建立“中国中秋节俗传承基地”。

（一）雷顺祥口述志

我在家中排行老二，上面有一个姐姐，还有三个妹妹，一个弟弟，因为在弟弟出生前是家中的独子，所以得到了全家人的疼爱。1968 年（19 岁）成家，老伴比我小两岁，有三个儿子，一个女儿。

在我没上学以前，母亲就教我背教儿经、三字经、昔时贤文等古文，那个时候我也不知道是什么意思，只是单纯的死记硬背。也正是如此，我的记性与学校一般同学相比要好。再加上我的伯父（雷炳文）在学校里教经文，我爷爷又懂一些易学，经常讲给我听，在他们的熏陶之下，我从小就喜欢古文、佛教文学这些。在文学方面，我虽然不太懂诗词格律之类，但是很爱学，到一处地方就非常关注那里的诗文、对联等。我收集了很多对联，看到有些不对的地方会自己修改修改，像祖堂、吴主庙的对联我自己动手写。无论去哪个地方旅游出差，我都把一个笔记本带在身上，到处记一些东西，会仔细斟酌对不对，好不好，该怎么样写。

那个时候，小学在旧吴主庙那边，开设的课程是语文、算术之类。小学毕业以后，大概 1961、1962 年，生活稍微好转，又面临大饥荒，开始没饭吃，家里生活比较困难。当时二中录取分是 160 分，语文和算术差不多都要 80 分，但我刚好只考了 159 分，因为这一分之差成为二中的备取生，六中的正取生。因为家境困难，我的父亲和母亲连马桥六中都不准备送我去读，更别提托人找关系去二中。九月一日开学，八月时母亲和父亲跟我说读不成了，我就跟他们说要自己出钱读一学期试一试。那个时候，中学报名预约学费 27 块，按我父亲的话，即便是两块七也得跟别人去借，更别提 27 块。因为那会儿，农村收入相当低，一般的劳务工一天一毛二分钱，最好的有一毛五分钱。所以这 27 块在当时的确不是一个小数字。父亲就很好奇这钱我从哪儿来，我说这不用你操心。我小的时候就很有心机，我做了一个存钱罐——锯一节竹节，在上面打一个小窟窿，开一条小缝。平时我的母亲、爷爷、爷爷的朋友（现在的岳父），会给我点钱让我去买吃的，但是我啥都舍不得吃，不管是五分还是一分都从这个缝里装进去，怕家人不知情给烧了，特意在屋檐上选了一个不起眼的地方，倒挂了上去。日积月累，当我把它取下来，用锤子锤开以后，一数，竟有 29 块多，完全足够我去马桥六中读一学期，就这样我才能去上第一个学期。

而上学首先面临的是怎么去，因为家境困难，不可能像舅兄那样每次花三毛钱去搭车，所以尽管到马桥镇有三十多千米，也只好选择步行。当时我和雷世举、雷应佳、雷声然是同学，我们四个人没事的时候就打草鞋，打两双，去的时候穿一双，等到了就已经报废，回来的时候再换一双穿，而布鞋放在包里，到了学校才舍得穿。路途遥远，大路走太远就绕小路走，很艰辛。再则就是吃饭问题，当时按照规定，头等劳动力是每天四两米，二等是三两、二两，小孩是一两米，所以每星期去只有五两米，但这根本填不饱肚子。所幸那会儿是家中的独子，母亲比较疼爱我，把家里人的口粮匀出二两补贴给我，再把苕渣做成粑粑，每天做一个，每星期可以给我带 6 个。然后我再到山上采点野蒿，加点盐，压紧，做成腌菜，就是这样解决了吃的问题。

读了一个学期后，钱的问题本来我还可以想办法解决，比如寒暑假回家，星期天上山砍黄金条、剪毛梗去卖，一个星期赚几毛钱，还可以维持。但第二年春上，我父亲病了。1962 年刚刚开始允许农村开发，开荒地可以种点东西，但由于父亲生病，我那时又是家里唯一的男孩，姊妹五六个，如果我一走，父亲不能干活，重担都压在了姐姐身上，还要照顾几个妹妹，实在没办法，我就办理了休学。当时办休学，是想着帮家里干一年活，第二年再回去读书，结果一休就彻底休了，再没上成中学。在我十二三岁的时候，干活干得晕倒在地里的时候都有，很艰辛。

1964 至 1965 年，柏墩修了个水库。因为从小受唱老戏的族兄的影响，我对文艺方面比较热爱。在我八岁还在读书的时候，大屋雷办了一个演楚剧的乡剧堂，族兄就叫我去跟大人们一起演戏，当时学的第一部戏是折子戏，我演的时候人人叫绝。我第一次上台是在八岁的时候，站在“出将”的地方不敢出去，前台演员在那叫我，我站在那儿不敢动，我的师父一脚把我踢了出去，因为年纪小，一下看到那么多人，脑壳一蒙不记得词，然后眼睛一翻，猛然不再害怕，以后也再没怯场。因为当时我在乡剧团，别看我十二三岁还是个主角，别看我小，当时我唱那个《白扇记》的“小渔网”，唱“小渔网”那个小生，从小被他母亲丢到江里，后来人家把他捡起来养大。他流落江湖，四处讨饭，我唱的时候要把台下的人唱哭。有一次放假前，乡剧团的团长骑个自行车，星期四来找我（本来星期六放假）。他说有户人家做寿，要我唱一晚上的戏。我说，后天才放假呢。他说，不怕不怕，我和老师讲。其实他讲个鬼，他把我骗过去了。

星期天我去上学，老师问：“雷顺祥，你没上学，你到哪里去了？”

我说：“我家人给你讲了，和你请假了。”他说：“谁说的？”老师很严厉地责问我，我这才知道自己被骗了。虽然我比较活泼调皮，但内心比较脆弱，受不得气，也受不得一点点冤枉。

在我十二三岁时，马桥村文艺宣传队到下面选文艺干部、文艺队员，他们听说大屋雷楚剧堂里有一个姓雷的小孩还可以，就把我选上去了。所以从 1965 年开始，我就一直在咸安区、马桥镇各个水利工程上表演。上半年在家里干农活，每年 10 月 1 日过后上工地，相当于一过农忙就修水利。

本来读书出来以后，有很多招工、当兵参军的机会，但都没有我的份，原因还要追溯到 1948 年，我还没出生的时候。我的父亲是兄弟三个中最小的，1945 年以后，国民党抓壮丁，规定三丁抽一五丁抽二。当初我父亲是我爷爷从上面把他抱了下来，相当于我爷爷的独子，但是那个时候不讲究这些，非要拉我父亲去当挑夫，我爷爷就拿了两块银洋给乡长，把我父亲留在区公所当乡丁，相当于现在的民警，负责维护地方的治安。但是 1948 年冬天解放战争打得正激烈的时候，乡丁也得上前线。我爷爷又跑去找那个乡长，乡长就提议让他交两块钱党费入国民党，这样就可以留下来。所以父亲就听了爷爷的话，交了两块钱党费入了国民党。等到 1949 年解放了，而这边我父亲刚刚把入国民党的两块钱交了。当时我爷爷是杀猪卖肉的，经常给山上的游击队送肉、粮食等吃的和一些信息，所以游击司令雷同跟我爷爷关系相当好，雷同就提议让我父亲去武昌一所革命学校读书，我爷爷觉得外面兵荒马乱的，就没让我父亲去。但这两块钱的国民党入党费却给我扣上了国民党的儿子的帽子，不论是招工还是招兵，我都不准参加。我说你这两块钱划得来呀，我一生就是被这两块钱买断了。说实在话我也不能埋怨我父亲，社会造成的，不是他非要加入国民党，没办法。

我在工地上总共干了十多年。1966 年“文化大革命”开始，当时村里最坏的是一个外来的女婿，带了些人兴风作浪。按理说，我家里经济条件好，并且我父亲是国民党员，过去是乡丁，我是直属关系，肯定会被针对。但是我从小就能言善辩，虽然那人在家里找过我几次，说我有一些反动的言论，我就说：“你说我有反动言论，谁说的，只要他出面作证，我就承认，要不，你去问你的小舅子。我们从小，穿兜兜裤的时候就在一起玩，一起上小学、中学，出来以后一起做民工，做工程，睡在一个铺上。只要他说我做了什么，说了什么，我就承认。”我把自己说成和他小舅子是一条绳上的蚂蚱，那人也只好作罢。也正是凭借着我自己的能言善辩，才使我没有受到多大迫害。

我在 1968 年成家，那时我 19 岁，妻子只有 17 岁。恰逢我岳父和我父亲关系相当好，岳父岳母也比较认可我父母亲，说他们行善，所以最后将姑娘许配给了我。

后来 1977 年恢复高考，我去考了咸宁师范，凭借自己的努力拿到了毕业证，回到大屋雷村的学校教书，从四年级教起直到初二，共五年。当时古文比较吃香，因为自己自小对古文感兴趣且有一定的文学功底，比较占优势。教了五年以后，去县里的剧团考试，一举考中，考中以后还需要政审，因为有老乡在文化局当副局长，他就说让我提前过去，跟团里打个招呼。

那天晚上，我从家里骑自行车去咸宁，在马桥遇到了一辆拖拉机，拖拉机着急送一个掉到泄洪道里的小孩去医院抢救，慌里慌张之中撞倒了我，我因此缝了 26 针，住了一个多月院，错过了政审和录取，想着“干脆算了，我啥也不干了，回家种田”。

庆幸的是后来遇到了伯乐——我们那儿文化局的一个局长说：“这么好的人才你们剧团不要，不要浪费啊。”就把我调到了桂花文化站。在文化站每个月有 30 块钱的工资，而我自己在公社吃饭，一天要花 5 毛，每个月只能补贴家里 15 块，根本不够家里的开支。后来，曾经和我在宣传队共事的同事调到柏墩当副书记，建议我到企业里工作，每个月起码可以拿五六十块，所以在文化站干了三年以后，我又去了甡生川砖茶厂工作。

甡生川这三个字是雷七爹起的，代表三生有幸。我在砖茶厂干购销——把原材料采购进来，再把茶叶销到内蒙古那边。内蒙人在草原上形成了彪悍的性格，不像我们南方人的温婉，凭酒论英雄，你不喝酒便不和你谈生意，为了厂里长远的利益，我喝酒喝坏了胃。听从厂里安排，我在 1994 年从内蒙古回来以后动了手术，也因此被调到厂里的文职部门。那时候每个月有 60 块工资，到湖北省内去采购每天有 5 块钱补助，但到省外的地方去出差，每天补助 20 块，相当于 10 天的工资，也正是因此，人们都想去外地出差。在我把内蒙古的路子铺好，把去那边的人带熟以后，被厂子里以休养为由调到文职部门。再就是因为改做文职工作到北京跟他们打官司，1998 年就不干了。

在牲生川干购销时，有一次腊月天跟同事去内蒙古讨账，账没要回来，但回家的车票已经买好了，如果退票，又需要花三块钱买票，这样一来就买不到回北京的票了。没办法我只好拿着旧票混进车站，在查票的时候躲进厕所，等查过了再出来。本来准备留着最后一块钱回家买点年货，但见同事也没有钱买吃的，我就用自己那一块钱买了五包北京方便面，我们就早上喝点水，吃一包，第二天中午吃一包。我说你年轻，这包给你，我吃两包你吃三包，已经可怜到那个地步了。后来动手术的时候，厂子里一开始说会给补贴，但到最后厂里一分钱也没出，全是我自己掏钱。幸好遇到了我以前的学生，别人麻醉剂要两三千块，他就只收我的成本费，别人跟我一样同时在做手术，他是 5800 块，我才花了 2400 块，是我那个学生知恩图报。所以这也是我一直说，人要学会知恩图报。经历过这些事以后，我前前后后一想，人生在世，好人是有，但我真诚待你，你为什么这么对我？我当时思想拐不过弯来，认为他们都是尔虞我诈，他们都在忽悠我，我把路子蹚开了，他们让我在家里搞闲职。我回家以后说什么都不干了，那时儿子们也都成家了，没什么需要我操心的了，于是我就在 2000 年偷偷跑到九宫山出家做和尚，与青灯古佛为伴，活得自由自在。

我当时要出家当和尚，家里人不同意，还很生气，到山上去找我，但我执意不肯下来，他们只好暂时作罢。我在山上主祭，法号释果翔，每天都有早晚课，我做的主要是在观音堂里为游客解签、相面、推算八字。有一次安徽的一个老板带他的司机到庙堂里，我给那个老板算了一卦，然后悄悄跟老板说："这个司机，半个月之内你是不是让他休息休息，要换换更好。"老板问为什么，我没有回答他。等到 6 月 19 日观音生日的时候，这个老板又和这位司机来了，这一次那个司机的脑壳用纱布包着，戴了太阳帽。老板就问："你怎么没给我点明呢？"我说："我只能说到那个地步，我不能说你这司机有血光之灾，不出这个事呢，我就失信了，万事说话办事要留有余地，我只是打个哑谜你猜一下就行了。"此外，每天早上我还要挑灯芯，要比一般的僧人早起一个小时，他们五点钟起，我四点钟就得起。有时候如果有香客要办法事，还需要在晚上赶表文，这样一来，睡眠时间就会不足，有的僧人可以在打坐的时候睡觉，但是我不能，因为我要坐签堂，所以一天都没有闲暇时间睡觉，瞌睡成了我在山上这几年中的一大困扰。另外，我喜欢抽点烟，虽然在签堂好多大老板会往我的桌上放烟，但我自己当众又不能抽，只得有人来了就送给别人。有一次方丈闻到了我身上的烟味，就跟我说："你不能在经堂里面抽烟，实在忍不住了，就到山门外的小巷子里去抽。"就是这样稍得些慰藉。对于我而言，禁食鱼、肉、酒都可以忍受，唯独瞌睡和烟瘾是在山上那段时间最难熬的。

在山上修行的时候，我学的是尽头宗。按照山上的规定，山上的僧人不能下山卖经，只能在庙堂里给别人诵经。依据所求之事，比如你家生了个儿子，读书有些懵懂，想要开启智力，希望他将来考什么名牌大学，就把生辰八字报给他，按照佛堂里的东西，给这个孩子立一个禄位牌，再把孩子的生辰八字和名字刻上去等等，所求不同做法也不同。我觉得说穿了，实际上人们上去求神拜佛图的是一种心理安慰，我这个人不迷信，我总觉得佛教里写的东西无非是劝人为善，任何教派还是要维护这个社会的和谐，与人为善，这才是唯一的真谛。山上的几年所学习的经文咒语以及法事对我后来在山下办道场、当主祭也有一定的帮助。

到了 2003 年，恰逢老母亲八十大寿，我的儿子和外孙再次上山来找我，外孙说："你不来，我老祖母这个生日怎么做？"我作为家中的长子，一向十分感恩和敬重我母亲，因此结束了三年的出家生活，下山来一直陪伴我老母亲，照顾她的衣食起居。

从 2003 年下来以后我就一直给别人做法事，后来通山的一些朋友觉得我做得还比较熟练，说："你跟我们一起去搞乐队啊，你就做你的法事，跟我们成为一个团体。"所以从 2003 年陆陆续续基本上就是这么做。

2007 年，上面下来人调查，刘老师他们调研的时候，找我那个师兄雷世明，雷世明说："我现在也 90 多了，你要搞就叫世平。"他跟他们说："1945 年日本投降那年，我是跟他爷爷一起搞的，他爷爷做主祭，我做助祭，我没搞过主祭，该怎么搞路子我知道。"再加上我做道场，对传统一套有一定的了解，从小受到当过主祭的爷爷和伯父的熏陶，还有一定的文化底子，所以老师们就听从了雷世明的推荐，问我怎么搞。我就按照我爷爷跟我说的，所以在 2008 年时候开始就这么搞。反正整个搞下来以后，得到了中央的专家和省里这些专家的认可。所以我们地方才有决心说只要我们有经济能力，任何时候都要把它搞下来，到今年已经搞了将近十年。

（二）雷声然口述志

我于 1949 年农历九月出生，与雷应佳和雷顺祥二人从小学到初中都是同学。我们三人的关系不错，有时候他们生我的气，我不计较，有时候我生他们的气，他们也不计较。我初中毕业后由教师进修师范学校毕业，此后一直在大屋雷石城小学教书育人，一般教五六年级的学生，教书近三十年，满六十岁后退休。

从我退休至今，已有十年之久，在这十年里，我是发起重视中秋祭月文化号召的第一人。在 2008 年或是 2009 年的时候，我在村口贴出了自己书写的告示，题目是《告全村村民》，号召大家要表现出大屋雷村的六种文化，对外宣传。之后，雷世举作为党员，在党员的会上，宣读了这一份告示，希望大屋雷所有的党员、干部和群众，特别是年轻人要重视发展大屋雷村特有的文化，要适应这个新时代，努力与时俱进。

旧民俗馆是我一个人创办起来的。馆内收藏的五百余件民俗用品，都是我从村民们手中借来的，一个一个挨家挨户地找。但是借物件的人家也没有说要打借条之类的话，因为这些借来的物件大多数都是陈旧的、可要可不要的物件，所以，自然而然就给了民俗馆。我们一个村办民俗馆是不容易的，没有资金支持，就只能向村民借。咸宁博物馆有的，我们可能没有。即便是这样，咸宁博物馆没有的，我们有。

我前几年患病以致高位截瘫，腰部以下毫无知觉。我是病了，要不是病了，我的心不比天小。我要是身体好的话，很有可能还在学校里，请教你们的博导和教授相关学问。我想从历朝的文人骚客的作品中选一百篇名篇，从四书五经，一直到毛泽东的诗词，用毛笔把这一百篇写出来。再就是选择印象最深的一千首诗和赋，比如说我感兴趣的陆游，三国曹植的七步诗，其次就是诗仙李白、诗圣杜甫、白居易这些唐朝有名诗人的作品。用四种字体写出来，用来参赛。

2015 年，我参加了全国书画比赛，在河南的郑州比赛得了银奖。我还是省民间文艺家协会的会员，全国书画研究会会员以及省楹联协会会员，获得这些会员证的人不光在大屋雷少，甚至刘家桥区也是很少的。

（三）雷世举口述志

中秋祭月的历史文化久远，在族谱上都有记载，《雷氏宗谱》卷首“家规”十条中第二条规定：“凡雷氏子孙代代不忘‘春秋二祭’（春祭祖，秋祭月），否则将重处……”雷世举的身份是多重的，他是职业律师，还是吴主庙和民俗馆的设计师。作为族长和律师，雷世举在调节村里平常的活动时，并不会按照宗族族规办事，而是按照法律法规或是乡规民约来办事，这也使得他在村民心目中的形象更加得到提升。他说道：“其他人问我为什么依法治村，我说只有依法治村其他人才能放心得了，国家也才能放心，人民也安康。”

雷世举在复兴大屋雷中秋祭月习俗中是领军人物，凭借他在家族中的威望，也依靠他的口才和每日的不懈努力，中秋祭月才能成功复兴，并在未来的发展道路上越来越好。即使在复兴的这十年间，有时政府在经济上的支持力度不大，雷世举也不惧艰难困苦，努力动员村民筹钱兴办祭月活动，只为传承复兴之路不中断，誓将老祖宗留下来的传统习俗发扬光大，为雷氏宗族的后代留下自己的根，也为国家的非遗传承做出贡献。

【调研附记】

易媛

7月4日上午跟着馆长一起去参观了大屋雷中秋祭月文化

馆，馆里面有按照祭月队伍的排列方式陈列的各种用具。每年中秋祭月活动是为了迎接太阳神和太阴神。其他地方都没有迎接这两位神的习惯，只有大屋雷有这个习惯。馆长是新到任的，对很多东西不大了解，但却很热心，很耐心地解答我们的疑惑，帮助我们。随后他带领着我们去了雷以诚的墓，墓地规模很大。后来又去了新馆长雷夕阳的家，新馆长文化程度不高，对祭月文化的了解也不多，但是他尽其所能来帮助我们了解一切。下午采访了雷医生。雷医生十分健谈，能绘声绘色地讲出大屋雷所有的神话传说和传奇故事。先是讲了雷以诚的故事，介绍了他的生平和主要事迹。然后又因为雷以诚是咸宁十大名人之一，就开始跟我们讲咸宁的十大名人。雷医生讲起故事时眉飞色舞，神采飞扬，十分吸引人。后来又讲到雷同，讲他抗战期间的一些事迹，总之也是一个很值得我们敬佩的人。雷医生很喜欢讲抗日战争时期的事情，毕竟那个年代是他们的少年时代，承载着他们太多的梦想和成长，对他们来说意义非凡。后来我们问了他好多有关祭月习俗的问题，他也都一一解答了，感觉我们组是收获满满的。

7 月 5 日上午，我们采访了老支书雷世举，老支书 77 岁高龄仍然充满活力，每天为我们忙前忙后，我们既感动又感激，同时也受到鼓舞。老支书表达了他想要发扬光大祭月习俗的希望，看得出他是真的在为村里的发展着想，而其他的人都没他那么热心于此事。老支书还是一个很厉害的人，是一个拥有律师执业证的人，会打官司；还在写自己的自传和雷氏家族的故事，总之是一个人老心不老的老爷爷。下午在村委会一楼办公室，我们采访了主祭雷顺祥，老爷子脾气古怪，任性自由，不受拘束，实乃性情中人。2000年，他上九宫山做了和尚，2003年因为母亲要过80大寿才回来，也是一个孝顺的儿子。老爷子还做过桂花镇文化站站长，能歌善舞，创作的咸宁说唱还在省里拿过一等奖。还教导我们要感恩，他做了和尚却不迷信，只认为人只要一心向善就行。

7月6日，小组成员单独走访了全村。我们上午采访了三组，下午采访了四组。上午首先去了“神婆”顾金梅家，她向我们讲述了自己是怎么成为“神婆”的，又说了吴主庙来源的故事，故事内容颇具神话色彩。下午我们去了四组，问了几户人家关于祭月的看法和对吴主庙的态度，收获其实不大，毕竟很多年轻人都外出打工了，然后嫁过来的媳妇也不太了解这些事情。加之三、四组都离祭月的地点八组太远了，所以也不太关心这件事。走访全村存在着效率低下的问题，主要还是我们没有提前想到各种可能发生的情况，没办法做到及时应对，从而导致调研结果与调研计划不符。

7月7日早上7点，我们到了文化站，本来和吴剑站长约好早上八点进行采访的，但是他却突然有事不来了。我们只好临时改变计划去镇政府采访了张建伟副镇长。他也很忙，大概只有15分钟的时间。他告诉我们一些大屋雷的基本情况和政府对大屋雷中秋祭月活动的未来规划，表示政府这些年对大屋雷和整个桂花镇的传统习俗这一块的高度重视和全力支持。大概九点半，我们回到村口，又走访了一组和二组，结果整个一组姓杨的只有一户人家在家，并且还都是媳妇，对这些事不太了解，就没有问到什么答案。后来去二组倒是采访了三家，但都没什么有价值的东西。下午，我们回文化站，采访了站长20分钟。他主要从文化传承这一块向我们介绍了大屋雷中秋祭月习俗，并谈到了自己这些年来为此做出的贡献。

7月8日上午，采访了主祭，了解了他的个人经历。主祭雷顺祥用一上午的时间向我们展现了他充满传奇色彩的人生经历，绘声绘色，别具一格。下午又去走访村庄，去了五、六、七、八组，采访了好几家，但只有一家的采访内容比较有价值。

7月9日上午，去主祭家采访了关于祭月流程的事情，后来就去采访新支书雷夕红了。雷夕红支书向我们全面整体地介绍了大屋雷的历史及现状。在新支书的办公室里，我们又再次采访了老支书雷世举，他再次向我们表达了他要将大屋雷中秋祭月活动打造成品牌，推广到全国的宏伟愿望，同时也向我们强调了保护和传承非遗的重要性，激励我们新一代的年轻人在传承非遗的道路上越走越远。下午，我们来到了雷声然老师家中进行采访，他用好客、淳朴、向上、博取、开拓、创新这十二个字概括了大屋雷村，谈到是红色文化、绿色文化、民俗文化、易学文化、三国文化、楚国文化这六种文化覆盖、融合、积淀在大屋雷。他着重向我们讲了易学文化和民俗文化，同时指出了中秋祭月未来发展所面临的短板和不足。

总结：

好客、淳朴、向上、博取、开拓、创新。

雷声然老师的这几个词精确地概括了大屋雷。

四位70多岁的爷爷每天对我们的照顾体贴入微，他们好像都不是70多岁的老爷爷，每天都精力充沛，分明是18岁的小伙子嘛。跟我们讲大屋雷从古至今的习俗和故事，同时告诉我们做人要善良，要心怀感恩，每次听完都觉得心里暖暖的。印象最深的还是雷医生，他很会讲故事，又是很厉害的参加过全国中医代表大会的乡村医生。他总是和老支书一起为我们安排好一切，每天坐在卫生所门口等我们从住处出来，再等我们吃完早饭，最后领着我们拜访被采访人。

走访全村经历了一个由忐忑到从容的过程，我们三个一起厚着脸皮介绍自己的来意，不再胆小畏缩。后来也确实遇到不少热心的村民们，他们邀请我们去他们家里休息小坐，给我们吃冰西瓜，请我们喝自家的绿豆汤。作为咸宁人，也感受到了家乡方言的亲切，这次全队只有我能听懂，也顺理成章地担当起翻译，和村民用咸宁话交流时感受到了方言的魅力，一方人说一方话，方言和大屋雷的中秋祭月一样，同样是一方人多年生活的积淀，同样是独具特色的东西，同样值得保护和传承。

这次在大屋雷的八天，对于我们想要挖到更深的文化和更多的习俗来说，还是太少了。调研结束后，回到家中整理材料，我们才发现遗漏了一些重要信息。尽管我们每天夜里都会整理材料，梳理问题，但还是不可避免地存在一些问题。完美是不可能的，但至少社会实践应该拿出应有的态度，只有保持好的态度，社会实践才会有好的结果。至于大屋雷的中秋祭月习俗，深入去调查更加觉得震撼，从古至今，他们一直保存着祭月的方法，虽然途中遇到战乱年代会中断祭月，但是祭月的方法却是一直在传承，一直没有中断，这是一件多么难得的事情啊。大屋雷村的神话传说和自己独特的民俗也非常丰富，独具一格，保持着自己的独特之处。这些东西，正是我们现在所要重视的，所要保护的，所要传承的。

李雯华

第一次去走访的早上，我们看到街上鲜有行人，于是就去了就近的诊所进行调研。毋庸置疑这是一次失败的走访，本来心中计划着走过去以后先跟阿姨们拉家常拉近距离，然后再间接委婉地问一些问题，但是当我们走过去的时候，阿姨们就用质疑的目光审视着我们，让我一时不知所措，不知道从何说起。在冷场的情况下直接切入了主题，毫无疑问，一无所获。在走出一段距离以后，我们小组对刚刚的采访进行了一个反思和总结，发现我们一方面没有顾及阿姨们正在为生病的孩子忧虑的心情，另一方面言辞上存在不当，表情上虽然是微笑但却隐约让人感受到不耐烦，会让被采访者怀疑我们的动机，产生抵触的情绪。失败既让我们看到了存在的问题，也为我们以后的走访提供了经验和教训。

我在这次社会实践中学到了很多，它不仅仅让我走出了自己生活的小圈子，还让我第一次对一个民俗有了相对深入的了解。在和学长一起走访的过程中，我更加注意对于拉近关系和问答技巧的学习，田野调查在我脑中不再是一个抽象的概念，而是一次又一次的行动。我真真切切地感受到了来自村民的热情，也感受到了团队的力量和合作的重要性，也许我们曾有意见分歧，但共同的目标让我们最终团结在了一起。

当 7 月 10 日从大屋雷村离开的时候，我真切地感受到了不舍和留恋，这是我学习经验的一站，也是我成长的一站，很庆幸自己有这样的机会深入到田野！

李琦蓉

2017 年 7 月 3 日至 7 月 10 日，“国家非遗千人合作计划”三期志愿者合作团队咸宁一队的三名队员，对湖北省咸宁市咸安区桂花镇石城村（又称大屋雷村），进行了为期八天的田野调查，搜集和了解与中秋祭月习俗相关的信息。

团队于 7 月 3 日早晨七点出发，上午九点半左右到达大屋雷村。随后抵达雷氏家族族长为我们安排的宿舍，即石城小学的教师宿舍，短暂休整以后，开始打扫卫生，整理物品。3日下午，整个团队（包括咸宁一队和咸宁二队共六人）在学长聂强的带领下走访了整个村庄。

石城村依山傍水，沿河而建，共有十一组，本是雷氏单姓村庄，后因为行政划分等因素，另外有第一组陈姓和第十一组杨姓。大屋雷村仿佛是被笔直地拉长，二组到十组沿笔直的河流逐渐深入。其中十组深入山里，距离整个聚居区最远，离开九组后，需要行走近20分钟的田间路才可以到达，临近石和尚山，像是与世隔绝的“世外桃源”。十组大概有一百人在此居住。

我们以居住的石城小学为出发点，经过吴主庙，到达村口。吴主庙的建筑样式由老支书设计，供奉孙权。吴主庙有前殿和后殿，前殿的金身可以移动，而后殿则是不动金身。葱绿的竹子环绕整座庙宇，据了解，当时选地筑庙时，还考虑了修建的地形等问题。村里的马路笔直，旁边是流淌的河水。村门口有高速路，旁边正在修建高架桥。我们沿路发现了麒麟庙、土地庙和一个不知名称的庙。麒麟庙的旁边是“嫦娥梳妆”，但是石像被树木遮住了。随后，我们从村口一路返回，沿二组一直走到十组。在路途中，我们发现村子里基本上每一个组都有一个祖屋，甚至每一组祭祀的菩萨都各不相同。

访问是田野调查中最重要的环节，在此过程中，我们需要与各种人打交道，同时，我们需要尽量克服方言等交流障碍。

这考验我们的随机应变与交际能力。在这八天的田野调查中，我们专访了主祭雷顺祥、族长雷世举、医生雷应佳、教师雷声然、“神婆”顾金梅、文化站站长吴剑等与中秋祭月习俗具有直接关联的人物，从中了解了祭月流程，相关的历史神话传说等等。随后我们依次走访十个组，询问村民有关中秋祭月习俗的态度等问题。

村子里面的人十分热情好客，在外走访时，天气太热，村民们还热情地端来西瓜、绿豆汤等解暑食物，热情地招待我们。说起村民的热情，就不得不提及村里的雷世举族长、雷顺祥主祭、雷应佳医生和雷声然老师四个人。从对村子的贡献来看，他们复兴了大屋雷村的中秋祭月习俗，并且为该习俗的发展搭建了相对好的平台。这些人尽力配合我们完成此次调研，为我们一行人忙前忙后。可以说，本次调研的成功与该村四人的关系极大。

在这次活动过程中，通过采访和交流，我获得了以下宝贵经验：

第一，在调查和访问的过程中，我们这些访问者不能够提前预设回答，不能先做评价。评价是最后整理汇总资料的时候得出来的结论，在某些时候，没有答案就是最好的答案。

第二，以被采访人的口吻进行记载，而不是自我判断。有时候我们容易忽视约定俗成的文化背后的含义，它们已经被我们设定。但如果有某一个人不经意间想起了看起来微不足道的某一点，或许就是极大的突破。

第三，在访谈的过程中要注意能够掌控场面，即能够进行适当的引导，引导受访者说出我们需要的话题，避免话题的方向走偏。

第四，即使不耐烦也要保持微笑，这是最基本的教养问题。

从最开始的各种抱怨，到最后分离从车厢里回望时的依依不舍。这八天一路走来，不光是暴烈的阳光和肆虐的飞虫，更多的是炽热的人心和满满的感动。一行七人在这里相知相遇相依，与一大族人在这里沟通，以心换心。这是一场足够短暂的户外田野调查，也是一次漫长的交际研究之旅。

结语

乡贤文化视角下非遗传承人的多维谱系

中国非遗保护运动历经十余年，已从政策宣传的动员阶段进入传承发展的创新阶段，非遗传承人群研修研培计划正是这一阶段非遗保护的标志性方法。至此，如何理解非遗传承人的主体内涵成为迫切需要解决的关键命题。从乡贤文化的视角，梳理非遗传承人的文化传统与承继谱系，界定非遗传承人概念的生活—职业—制度多维谱系：生活谱系的文化接受与文化传播主体，即文化传统中的一般人；职业谱系的具有较高地方知识修养的民间群体，即民间百工（艺人）；制度谱系的优秀传统文化领域的精英代表，即国家命名的非遗代表性传承人。在乡村文化建设的历史脉络中，非遗传承人的杰出代表就是中华文化传统的乡贤主体，他们以德、艺、业三位一体的卓越品格塑造乡风，在道德谱系、技能谱系和制度谱系三维系统中发挥着文化英雄的引领功能，继承传统，凝聚人心，建构本乡本土的知识体系和安居乐业的精神家园，在中国基层社会治理中形成了基础稳固、价值正义的“乡村文脉”，他们赋予乡村文化正统地位，是乡村生活意义的文化标识。[①]

一、非遗传承人的文化担当与乡贤品格

新时代语境中的非遗传承人，有一个基本的文化归属，即乡村传统的继承者。在都市文化高度发达的今天，我们应该鲜明地指出，作为中华优秀传统文化重要组成部分，非遗的本源是乡村传统，这一传统决定了传承人的文化担当与乡贤品格。

就国家非遗名录的十大门类而言，非遗传承人的对应命名也有十个类型，分布在民间文学、传统音乐、传统舞蹈、传统戏剧、曲艺、传统体育—游艺—杂技、传统美术、传统技艺、传统医药、民俗等人文社科系统之中，宏观来看主要涵盖三大领域，即：艺术领域、知识领域和集会领域。他们担当着中华优秀传统文化传承的重要使命，以明确的价值观和高超的技艺技能、丰富的地方知识，传达世代积累的文化理念与生活信仰，并以模式化的地方形态来展现人的智慧、审美与爱的意义。可以说，非遗传承人的文化担当就是民族民间文化传统的延续力量。

那么，我们怎样去理解这种文化担当的内在逻辑？它的表达方式又是怎样的呢？

① 郭齐勇．传承文化基因彰显精神标识 [N]. 人民日报，2014-08-14.

非遗传承人首先是一个传统的接受者与传播者，文化担当就是他的文化自觉意识与文化认同情感。非遗传承人的主观意愿与客观实践决定了自己的文化选择：他不是文化传统中的一般民众，他需要从享受传统资源与运用传统资源的生活过程中掌握较高水准的技能，比较自觉地认同自己是这个传统的传承者与传播者。文化担当的内涵就是这个传统中接受主体的自觉文化行为，积极参与传统文化实践的过程中，非常乐意去学习传统文化的代表形式，以内在的认同情感去传播自己的文化，担当着文化使者的重要职能，“发掘中华优秀传统文化的丰富宝藏，为世界文化的继承和发展贡献独具一格的中国智慧和中国价值”[①]。我们判断非遗传承人的担当精神，有一个基础性的表象，那就是传承人面对传统文化形态的学习态度与认同意识。学习越积极，认同意识越强，非遗传承人的文化担当精神也就越典型。所以，文化担当不仅是一种实践行为，更是一种情感流露；不仅是一种技艺技能，也是一种精神品格。非遗传承人具备了文化担当品格，具备有文化担当能力，他的接受者与传播者身份也就可以在实践中得到确认，非遗传承就是对非遗的一种文化担当。从逻辑学上讲，非遗传承人的文化担当是非遗历史性特征的主体实践，是人的实践性与文化的历史性相统一的价值选择。[②]

---

① 郭英德．中国古代文学研究的文化担当 [J]. 文学遗产，2016（5）.

② 王天民．实践的两个层面及其历史性统一 [J]. 湖南大学学报（社会科学版），2017（6）.

非遗传承人也是具有文化自信与文化创新能力的开拓者，文化担当是他对文化传统的延续与开拓所做出的智慧表达。

非遗传承人有较为清晰严格的谱系法则，他遵循推陈出新、与时俱进的历史规律，坚持传统本源，融入时代因素，讲究师承与自学相结合，突出文化自身的特质与优势，不断强化固有文化传统的积极价值，以饱满的文化自信面对非遗传承。非遗传承人不断提升自我的技艺技能，不断丰富非遗的地方性知识，不断总结承继非遗的生活经验与谱系智慧，及时反馈时代因素的自觉意识，一定程度上成为其创新能力的内在动因。由于非遗传承人的文化自信与文化创新，他成了名副其实的文化开拓者，因为他不拘泥于旧的传统形式，而且还以开放的心态去参与当代文化实践，顺应时代潮流。

就此而论，非遗传承人的自信创新，必然有一种面向未来的文化担当情怀，他敢于将文化传统与现实生活大胆地关联起来，他自诩为文化开拓者，也就能够承受面对新时代所带来的压力与挫折。逻辑学意义上，作为文化自信与文化创新主体的非遗传承人，他的视野是开放的面向未来的，文化担当就被赋予了新时代的自强不息的力量，立于现实之中，将历史的遗产与未来的梦想打通，非遗所蕴含的人的生存智慧，才能够流淌不息，成为人类学意义上的类属力量。

非遗传承人还是具有文化交流与文化反思精神的改革者。

非遗的历史积淀有一个特别重要的维度，就是交流、反思与批判维度。[1] 从古老的原始时代起，人们面对自然所获得的太阳意象与日神崇拜，不断融入人类的日常生活，久而久之形成了关于日神的叙事与祭祀，也形成了追寻命运的日神信仰，人们最终发现了太阳运动与人类生存的时空关系，由此凝聚为一项遵循太阳规律的传统形式。非遗的确立，经历了一个漫长的由外而内、由神而人的文化过程，其中有对自然神性的敬畏，也有对人文反思的感悟，接受与拒绝、继承与批判、学习与反思，构成了传统文化表现形式的重要特征。在这个人类学背景下，非遗传承人所关注的不再是非遗本身的优劣得失，而是对历史遗产演化发展史的方法论考察。相应而言，非遗传承人的文化担当，从此前的知识论与主体论，进一步关注认识论与方法论。文化担当的现实选择与目的意义，经由方法论的逻辑建构，使其更为完备，文化担当既是有自觉意识的担当，也是能力品格的担当，还是一种洞见传承主体的路径担当。非遗传承人的文化担当，是乡村文化传统中的使命自觉，是乡贤文化的典型特征。也就是说，非遗传承人具有乡贤品格。乡贤是多维主体的综合表达，既有国家的旌表，更有民间口碑的景仰。乡贤跨越文化空间与社会阶层，背负乡村文化理想，将人的意义、乡的价值、国的使命，有机地融合为一体，成为我们思考非遗传承人文化属性的重要支点。非遗传承人的身份自觉就是

---

① 李宏伟．刘杨．基于“地方性知识”的科学文化反思 [J]. 贵州社会科学，2018（6）.

对乡村文化传统的认同，他们体验、学习、交流和传授属于自己乡村文化的艺术、技能、知识和民俗仪式，将乡村文化的代表性传统形式与自己的生命历程相结合，自小体验乡村文化传统的生产生活，有浓郁的情感基础与学习兴趣，往往在潜移默化的生活经验中获得非遗的感性知识，伴随人生成长而不断增进技能与理解。乡村文化传统因之融入生命之中，乡土意识和村落认同凝结为非遗传承的灵魂。浸润乡土生活气息、传承乡村代表性非遗、乐于为家乡建设出力，构成了非遗传承人面向乡村文化传统的主要特征，这正是“重乡情、乐奉献、树乡风”的乡贤品格。[①] 确认非遗传承人的乡贤品格具有重要价值，在当前文化语境下显得意义非凡。2014 年，王志良《关于在全国推广乡贤文化研究的建议》激活了中国文化的乡村记忆，引发了社会的热烈反响与广泛讨论。王志良重申了中国文化的乡土特质，强调浓浓乡情和深深乡恋对中国人文化心理的建构性影响，“乡贤文化是一个地域的精神文化标记，是连接故土、维系乡情的精神纽带，是探寻文化血脉、张扬固有文化传统的一种精神原动力”，“他们用自己的人生经历为乡民树立了榜样，成为道德教化的楷模”。[②] 乡贤文化的建构性影响及其精神标识，创造了传统乡村建设的内化模式，为发掘当代乡村发展的

---

① 陈访柔 . 刘建荣 . 培育新时代的乡贤精神——以湖南省宁乡市为例 [J]. 中国乡村发现，2018（3）.

② 刘伟，严红枫，叶辉，等 . 乡贤回乡，重构传统乡村文化 [N]. 光明日报，2014-07-02.

新乡贤力量提供了政治智慧。次年，党和国家发布的纲领性指导思想的一号文件，要求农村现代化建设要“凝聚起向上、崇善、爱美的强大正能量……创新乡贤文化，弘扬善行义举，以乡情乡愁为纽带吸引和凝聚各方人士支持家乡建设，传承乡村文明。”两年后又发布了《中共中央、国务院关于深入推进农业供给侧结构性改革　加快培育农业农村发展新动能的若干意见》，进一步明确：“培育与社会主义核心价值观相契合、与社会主义新农村建设相适应的优良家风、文明乡风和新乡贤文化。”由此，弘扬传统乡贤文化，将家风和乡风与乡贤文化融于一体，成为国家建设现代化农村的文化智慧。非遗传承人的乡贤身份，因为国家把新乡贤文化作为发展农村现代化、培育农业农村发展新动能的一个重要举措，变得特别清晰，它不仅给非遗传承人提供了参与乡村文化建设的政策支持，而且创新了非遗传承人的发展路径，将非遗传承人与乡村文化建设密切关联起来，还原了非遗传承人的历史功能，赋予了新的时代意义。

二、非遗传承人的多维主体谱系

乡贤文化视野下，我们可以将非遗传承人的文化传统与当代建构结合起来，从强调传承人的认同价值和凝聚功能中，还原其多维结构，厘清多元主体来源，进而为乡贤文化的主体建设提供新的路径。当下非遗保护实践在乡村社会与国家体制的长期互动中，非遗传承人的概念实际上已成为一种被建构的话语系统，我们有必要从概念入手，区分来源，调整视角，建构谱系，辨析非遗传承人的日常性与仪式性，期望从非遗传承人的谱系中找到乡贤的价值与认同。

“日常性”命题是近年来受到多个学科关注的重要命题，如文艺学视野的日常生活审美化，政治学视野的日常生活规训，民俗学视野的日常生活转向，教育学视野的日常生活互动成长等，将学术路径与人的日常生活紧密联系起来，成为当代人文社会科学领域反思研究方法的有趣现象，至少在两个层面具有积极作用：一是突出了日常生活作为学科对象和学科方法的双重价值，作为学科对象时关注的是日常生活的人及其浸润人心的日常生活过程；二是揭示了日常生活作为学科方法时历史维度的关键意义，较之一般情况的时间视角更有对象化的切合度。事实上，无论学科对象还是学科方法，日常生活本身的高调出场都具有特别的学术史意义，生活是建基学术的生态土壤，日常生活成为学术土壤的阳光与水源，人的价值与目的从日常生活中得以深度发掘。①

由此，我们考察非遗传承人就可以从日常生活出发，重新明确传承人之于日常生活的独特地位，他不仅与日常生活相

① 高艳芳．日常需求与文化创意：“生产性保护”的观念与路径 [J]．民俗研究，2014（3）．

关，而且是记录、保存、承继日常生活模式和基本品格的守护者，因此，也可以说非遗传承人是日常生活的接力者与重建者。我们从日常生活维度认识非遗传承人的历史传统，还会发现这一群体的“仪式性”特征，他们不单单浸润于日常生活之中，而且也形塑了日常生活的态度与模式，把生活的日常性与生活的仪式性贯通，以“人”的目的为中心，成为生存与存在并置的统一体，日常性生存与仪式性存在建构了“人”的两种属性：生理属性与精神属性。尤其值得关注的是，精神属性的文化表达才能实现“人”的目的，即关于自由与爱的目的。生活的仪式性往往具有庆典意味，将生活回归到“人”的精神需求方面，物质需求退居其次。

仪式性的生活中，人与人的社会交流成为生活的基本形式，分享价值和情感，传播认同和信念，以庄重而抽象的程式建立人与社会、人与自然的内在逻辑，调和不同阶层和不同利益的矛盾冲突，融入新的意象和结构，实现日常生活所不能实现的整合功能。仪式性带来了非遗传承人独特的文化身份，他们在重要的时间节点和生活事件中华丽出场，常常以祭司与能人的才艺形态呈现自己，口头唱诵、音乐、舞蹈、戏剧、美术以及民俗展演等多样表达，成为非遗传承人的仪式情景，仪式也就标识了非遗传承人区分常人的身份。[①] 乡村文化传统之所

① 张东赞．古代祭祀活动的仪式性与群体成员的身份认同 [J]. 宁夏社会科学，2017（1）.

以延续至今，一个直接的原因是非遗传承人发挥了承上启下、继往开来的作用。就作为文化主体的非遗传承人而言，他们本身是相对统一的群体，尤其在日常生活逻辑中他们以师承方式完成了一体化的谱系传承，血缘、地缘、业缘的“三缘”基础，往往合而为一、彼此交错，建立起非常深刻的结构复杂的社会关系。如果说非遗传承人本身即传统生活形态，那么，近十年来的国家非遗保护则将这一群体纳入到了国家制度文化生活之中，升华为一种联结文化使命的“文化荣誉”，非遗传承人也就抽象为一个学术概念，反过来指称以传统文化表现形式的承载者和传播者，一定程度上，也就将传统生活中的整体性面貌的非遗传承人分离成多形态的主体，成为需要我们深入讨论的非遗传承实践问题。进入田野，我们发现了当前非遗保护的一个难题：由传承人命名问题而引发的传承人群体的疏离。国家命名传承人的制度需求与日常生活中传承人群体的无名化之间，构成了不相适应的紧张感，国家对传承人的命名制度基于保护非遗而建立，但是在保护实践过程中却形成了“离间与分化”传承人群体的实际状态，使得传承人、政府和保护专家都深感两难，不得其解。事实上，这种矛盾在他们的意识中其实没有那么严重，更严重的是他们对“传承人”概念的使用与符号化的担忧。国家认定非遗传承人强化了传承人的意义与价值，赋予了传承人明确的社会文化身份和文化传承义务。同时，国家命名也就让被命名的传承人觉得，这一概念具有国家化、品牌化和专有化的力量，进而排斥一般意义上的“传承人”概念的使用。本质上讲，这是命名制度导致的概念误区。鉴于此，我们需要从“传承人”概念的角度，全面考察文化实践的丰富形态，还原非遗传承本身的主体属性。

非遗传承人的自发传承与自觉传承是历史传统中的两种传承状态和传承阶段，优秀的传承人都会经历这两个阶段而进入到社会生活之中，有意识地明确作为传承人的身份，也是判断传承人水平的重要前提。回到国家非遗保护的大背景上来，我们大体以2006年公布第一批国家级代表性非遗传承人名录为时间节点，将传承人视为非遗传承的关键符号，这也是传承人观念史的分水岭。国家非遗传承人名录制度之前，传承人大体按自发传承与自觉传承的二分结构存在，社会地位与文化身份皆处于自在的社会评价之中。国家级非遗传承人名录制度之后，传承人由国家制度所推崇，传承人的分析结构也发生了根本性的变化，他不仅是自发传承与自觉传承的文化实践者，而且其生活影响与文化功能也得到烛照式的发现；历史生活中由发生学所决定的职业价值绽放光彩，“百工百业”，传统职业的巨大覆盖面重新为社会所关注。最为重要的是，国家文化制度将传承人纳入到传统代言人的高度，将传统文化融入当代成为赋予传承人的使命，这样，我们就可以构拟出非遗传承人的多维谱系[①]来。

一是自发传承与自觉传承的传统生态谱系；一是生活—职业—制度三个层面的现代传承谱系。即由二维传统生态谱系与三维现代传承谱系相交错的多维谱系。

非遗传承人的二维传统生态谱系主要得益于生产生活本身的滋养。由于生命延续与生计发展的衣、食、住、行、用、娱乐及其精神信仰等日常需求，促使人们以血缘、地缘、业缘为基础来总结经验，传播智慧，代代相继，自然而然地在特定传统中不断传承，不断提高技艺与能力，这种自然的传承，慢慢发展为一种文化自觉，人们有意识地选择实用性强、价值显著、认同意识典型的文化表现形式，从而形成以生活本身为内在动力机制的传统生态谱系。

非遗传承人的三维现代传承谱系植根于二维传统生态谱系之中，以国家文化制度为内在动力机制，在当代文化转型的大背景下，强化非遗传承人在当代生活中的融入，深化非遗传承人的职业与事业的关系，固化非遗传承人在国家文化体系中的制度性身份与符号价值。那么，具体怎样理解非遗传承人的现代传承谱系呢？我们在近十年来的非遗保护实践与田野调查中发现，国家文化制度所带来的非遗传承人概念变化，正是我们从民俗谱系学的理论中找到分析路径的现实条件。下面，我们

---

① 田兆元．民俗研究的谱系观念与研究实践——以东海海岛信仰为例 [J]. 华东师范大学学报（哲社版），2017（3）.

从生活谱系、职业谱系和制度谱系三个维度来讨论，辨析非遗传承人现代传承谱系的结构特征。

第一个维度是日常生活。传承人经由日常生活的经验、学习和相互交往，创造了自然传承的非遗生态，从而形成了非遗传承人之间关联血缘、地缘和业缘的生活谱系。作为生活谱系的文化接受主体与文化传播主体，非遗传承人即文化传统中的一般人，他们在传统文化的体验中获得了整体性的非遗知识与技能，比较深入地参与日常生活，培育了浓郁的乡土情感，认同代表自己文化来源的家乡非遗。可以说，生活谱系的非遗传承人为文化传统建构了生命的合法性与成长基石，其包含的群体非常广泛，因此是一般意义上的广义概念，也是从事与非遗有关职业的群体的生活土壤，更是国家文化制度确立代表性传承人的重要基础。由此，我们可以回应当前非遗保护实践中的一个基本问题，只要具有特定传统生活经验和一般技能的人，都可以称作这个传统中的非遗传承人，而无论他是否从事非遗职业，也与他是否被国家命名为非遗传承人无关。

第二个维度是职业。因为非遗关乎生活的基本方面，与人的衣、食、住、行、用、娱乐和信仰皆有深刻关系。这些重大的生活面，不仅是文化创造的主要结果，而且也是文化创造的主要目的，揭示了满足人的基本需求是人类文化史的原初动力的历史规律。因此，为人们生存与发展提供服务的活动就成为职业，而传统悠久的服务于生活基本领域的职业，本质上就是非遗传承人的一个独特群体选择，他们区分于传统中的一般人，不仅掌握了传统生活的全面而系统的知识与技能，而且将这种知识与技能专门化为服务性的文化行为，建立行会和职业规则，开创了非遗传承人的社会工作领域。也就是说，职业谱系的非遗传承人是具有较高地方知识修养的民间群体，参与社会劳动分工，是传统社会的民间百工（艺人）和农业生产的“老把式”，具有工匠精神与农业智慧。职业化的非遗传承人不仅承担了完整传承非遗的文化使命，而且以其精深的服务意识不断推进非遗的创新和变革，使之在弘扬传统的基础上实现非遗的时代发展。职业谱系所凝聚的非遗传承人群体是今天非遗保护和传承的主力军，既发挥着从生活谱系的传承人中选拔职业者，也面向未来承担延续非遗力量、推进非遗革新的重任，而且为制度谱系的非遗传承人评选提供基本资源。

第三个维度是制度。在此要特别强调的是，人类生活跨过自然群落时代即开启了制度化社会的进程，自此在每个阶段、每个领域都有人类制度的发明与实践，因此，相对这种广义的社会制度概念，我们将制度限定为非遗传承人进入国家文化制度的状态与规范。2003 年联合国教科文组织公布了《保护非物质文化遗产公约》，2006 年中国政府正式实施国家级代表性传承人制度，都是本文所界定的狭义的制度概念。这些制度的实施，使得非遗传承人这一概念从此与国家文化制度深切关联起来，甚至在很多语境下非遗传承人就等同于国家命名的非遗代表性传承人。显然，国家文化制度将非遗传承人提升到了高层级的文化结构中，制度谱系的非遗传承人是指非遗领域的精英代表，即国家命名的非遗代表性传承人。代表性传承人的文化身份使其脱离纯粹的民间生活而成为国家文化的代言人，同时又因为他们的文化身份与乡土传统、日常生活有血肉联系，且与特定职业的传承人群体互为往来，所以，制度谱系的非遗传承人实质上是整体意义的传承人代表，他不是独立于非遗传承人的特殊群体，而是凝聚、引领、激活非遗传承人文化信心的制度符号，可以为守护优秀传统文化提供坚强保障，也为职业化的非遗传承人群体设定了国家级标准，对于非遗传承的社会化和市场化将产生深远影响。

从上述分析来看，非遗传承人是一个不断发展的概念，它从日常生活的传承出发，面向社会需求而成为一种职业，最终被国家文化提炼为传统文化的守护者和传承者，将人的价值与目的赋予特定的文化传统，张扬人的智慧，为中国乡村文化振兴确立了主体力量。

三、非遗传承人的文化表达与“新乡贤”使命

非遗传承人作为一个文化群体，对应的文化范畴十分广泛。他既是民间文学艺术的表演者，也是传统知识技艺的实践者，还是传统民俗集会的司礼者。他融入乡村社会的组织结构

中，往往以德高望重的“乡贤能人”身份组织传统民俗集会，规范集会仪式，传播集会认同的价值理念，消解乡村民众与管理者的分歧与冲突，弥合乡村内部阶层的日常间隙，承担了非常强大的社会凝聚功能。作为表演者，非遗传承人以民间文学艺术的传统形式，在日常生活和人生仪礼、民俗集会中展演传统，赋予人生意义与情趣，在社会互动、经贸交流、乡村聚合的集会背景中凸显艺术的精神功能，以多元的艺术形态综合性地表达了乡村传统的丰富情感，建构了非遗传承人的价值系统与文化认同心理。

民间艺术（包括民间文学和民间传统技艺的部分内容）是口头传统的主要内容，非遗传承人在表演中创设了历史的场景与民间的意味，还原民间文学艺术特有的现实功用，讲述民间文学，目的是乡村传统的承继与价值塑造，表演传统音乐、舞蹈、戏曲、美术是以人与自然、人与社会、人与人的基本关系为背景，呈现美的形式，凝练艺术符号，确认传统中最深刻的艺术精神与生命意志。乡村传统的形成与变迁，总是离不开精神化的传统艺术，隐身于建筑、仪式和个体生命的文化符号，通过非遗传承人的艺术技能与表演才华而得到显现。一定程度上可以说，民间文学艺术是非遗传承人弘扬乡村文化传统的经典形式。传统知识技艺的关键点是传统知识及其手工化的技艺技能，这些技艺技能涵盖了衣、食、住、行、用的所有领域，它们提供了创造这些领域物质产品的技术与能力，生产了乡村日常生活最基础的用品与食品，是乡村民众切身需求的物质生活条件。正因为如此，传统知识技艺体现了乡村传统的智慧发明，对自然物产的科学探索，以及对生活模式的整体创造能力。非遗传承人所接受的传统知识技艺，折射出这一群体的知识水平与技艺能力。

非遗传承人是地方性知识的创造者与传承者，既熟悉所在地域的自然出产和物候特征，也掌握了传承下来的经验知识与手工技艺，而且他们在长期的乡村生活实践中不断加强经验知识的运用，不断提升手工技艺的水平，将地方性知识转化为物质产品，进而形成以自然物质与人文精神相结合的地方特产，从传统服饰到地方美食，从乡村建筑到传统交通体系，从家具系统到劳动器具系统，较为完备地建构了乡村文化传统的物质生活产品体系。当地方知识与手工技艺融入具体的物质产品之后，这些优秀的华彩乐章般的乡土特产，闪耀着地方性知识的灿烂光芒，从而具有了独立的物的使用价值，尽管其中包含了符号价值与精神意义，却常常会被使用者所忽略。因此，非遗传承人与他所创造的物质产品的关系，需要我们特别重视。

物是乡村传统的重要载体与典型标识，人是创造这些物质产品的智慧主体，地方知识的发明者与继承者，他们所凝聚的技艺能力具有代表性，对非遗传承人的发掘与保护强调对物的发掘，需要充分意识到重“物”不重“人”的危机，让社会回到“传承人”的根本上来，使他们能够享有国家与地方的法规保护，使非遗保护与传承彰显“传承人”的本质，让全社会树立对非遗传承人的本质性的保护意识。非遗传承人的文化表达正是以上述方式呈现的实践过程，他们面对乡村文化传统，以表演、实践和集会的方式来承载乡村文化功能，突出意义象征。信息时代的乡村文化语境中，非遗传承人有着宽阔的文化视野，不拘泥于单一的表达形态，也不受制于传统乡村的空间格局，他们以日常生活的新感知为前提，既注重强化自己的传统身份，又探索建构时代的文化形象，因此，非遗传承人的文化表达主要有三种形式：

一是在传统艺术与知识技艺的实践产品中表达生活理想和文化认同。古老的曲调，独特的舞姿，印刻在服饰、建筑、用具上的神秘符号和艺术形象，都成为非遗传承人经典的文化表达形式，它们来自传统，生机蓬勃，意蕴深远，浓缩了一个民族的生活理想与悠久传统，可以凝聚起强大的文化认同。这种以实践产品为载体的文化表达，显在而鲜明，易识别，易理解，且在日常生活中有明确的使用价值。也可以说，以实践产品为载体的文化表达，就是乡村文化的物的系统，它们达成了特定时期的生活理想，又以可见物的日常体用而得到高度的文化认同①，因此，非遗传承人的实践产品的文化表达，也是自己的物化表达，是获得乡村文化“乡贤身份”的标识性表达。

① 费孝通 . 中华民族的多元一体格局 [J]. 北京大学学报（哲学社会科学版），1989（4）.

二是在民俗集会中充当司礼者，发挥组织者作用来表达社会结构的秩序感。乡村传统是一个有秩序的历史传统，是一个充满矛盾与困境的自然传统，更是面临时代条件而不断发生变化的新旧错杂的传统，它的演变发展，需要一种能够调适其结构秩序的力量，将乡村传统较为稳定地传承下来。非遗传承人运用地方性知识去理解传统，建构人文与自然的关系，调适不同阶层不同族群的社会关系，以特定的文化空间来实现功能性与仪式性的村落集会，常常以大自然的时间节点来安排集会内容，具有周期性与典型性的节会识别系统，发挥着不可替代的社会管理与村落自治的文化功能。以民俗集会为形态的文化表达，非遗传承人发挥了村落整合与社会秩序建构的双重作用。

三是非遗传承人的乡村传统代言人身份显著，其表达形式是乡风民约的制定者与解释者。“入境问俗”“入乡随俗”并不是简单的乡村交往法则，而是由乡村传统的文化代言人所确立起来的“乡际大法”，它们隐藏在日常生活与仪式空间中，无处不在而又难以明示，其真正的呈现方式由非遗传承人所决定。乡村传统是一个“俗”的社会，它与国家社会的“礼”的社会之间，通过非遗传承人来实现转换，成为中国传统中“礼俗互动”① 的关键一环。

当代文化转型与深层次的社会变迁，伴随着全球化与信息

① 张士闪 . 礼俗互动与中国社会研究 [J]. 民俗研究，2016（6）.

化的技术革命，乡村传统进入了全新的时代，我们已经很难将传统与现代、历史与现实、客观与虚拟、个人与社会、国家与世界进行简单的二分，它们交错杂糅而存在，它们在信息社会中互为表里而彼此相离，人的焦虑与分裂感由此被强化而异位，乡村传统在此背景下发生了深刻变化。非遗传承人一方面感受到了乡村传统的没落，另一方面也发现了传统再生的新机遇，由此，他们在没落与再生的交织中，不断调适自我的社会心态，重新认知既有的乡贤身份，将这个时代的新元素融入到日常生活，树立新的乡村观念，吸取城镇生活经验，不断学习新的技术，加快提升自己的社会适应能力与创新发展能力，塑造观念开放、技术全面、资源丰富的“新乡贤”。①

这样，非遗传承人就由乡村传统的一般人，逐渐成长为乡村能人，最终发展为有强烈的使命意识的“新乡贤”，他们超越乡村传统的僵化与没落，以资源共享和开放创新的积极实践者姿态，建构乡村与城镇的新型一体关系，从文化代言人的角度提升乡村文化实力，在国家非遗代表性传承人制度框架中获得国家命名的文化身份。于是，非遗传承人的多维主体融合为一个富有创新力量的结构谱系②，乡贤文化也因之成为新的元素，将在中国乡村文化振兴中产生积极影响。

---

① 刘丽华．新乡贤参与乡村振兴的角色感知与参与意向研究 [J]. 福建论坛，2018（6）.

② 谭萌．作为民俗学方法论的谱系学 [J]. 湖北民族学院学报（哲社版），2018（2）.

附录

湖北省国家级非物质文化遗产代表性传承人信息表（102人）

	序号	姓名	性别	保护单位	类别	项目名称	项目编号	批次
1	01-0013	刘德方	男	湖北省宜昌市夷陵区	民间文学	下堡坪民间故事	Ⅰ-16	
2	01-0038	赵剑英	女	湖北省十堰市	杂技与竞技	武当武术	Ⅵ-8	一
3	01-0085	石九梅	女	湖北省黄梅县	民间美术	挑花（黄梅挑花）	Ⅶ-25	
4	02-0234	陈家珍	女	湖北省兴山县	民间音乐	兴山民歌	Ⅱ-9	
5	02-0289	黄太柏	男	湖北省宜昌市夷陵区	民间音乐	宜昌丝竹	Ⅱ-47	
6	02-0290	杜海涛	男	湖北省枝江市	民间音乐	枝江民间吹打乐	Ⅱ-48	
7	02-0365	覃自友	男	湖北省长阳土家族自治县	民间舞蹈	土家族撒叶儿嗬	Ⅲ-18	
8	02-0366	张言科	男	湖北省长阳土家族自治县	民间舞蹈	土家族撒叶儿嗬	Ⅲ-18	
9	02-0522	陈伯华	女	湖北省武汉市	传统戏剧	汉剧	Ⅳ-30	二
10	02-0582	熊剑啸	男	湖北省	传统戏剧	楚剧	Ⅳ-58	
11	02-0583	胡新中	男	湖北省潜江市	传统戏剧	荆州花鼓戏	Ⅳ-59	
12	02-0587	周洪年	男	湖北省黄梅县	传统戏剧	黄梅戏	Ⅳ-60	
13	02-0672	汤先成	男	湖北省潜江市	传统戏剧	皮影戏（江汉平原皮影戏）	Ⅳ-91	
14	02-0673	刘年华	男	湖北省潜江市	传统戏剧	皮影戏（江汉平原皮影戏）	Ⅳ-91	

续表

	序号	姓名	性别	保护单位	类别	项目名称	项目编号	批次
15	02-0747	望熙诰	男	湖北省荆州市	曲艺	鼓盆歌	Ⅴ-32	二
16	02-0748	徐忠德	男	湖北省汉川市	曲艺	汉川善书	Ⅴ-33	
17	03-0781	罗成贵	男	湖北省丹江口市	民间文学	伍家沟民间故事	Ⅰ-15	三
18	03-0791	孙家香	女	湖北省长阳土家族自治县	民间文学	都镇湾故事	Ⅰ-56	
19	03-0813	彭泗德	男	湖北省兴山县	传统音乐	兴山民歌	Ⅱ-9	
20	03-0825	王爱民	男	湖北省长阳土家族自治县	传统音乐	薅草锣鼓（长阳山歌）	Ⅱ-27	
21	03-0846	简伯元	男	湖北省五峰土家族自治县	传统音乐	土家族打溜子	Ⅱ-54	
22	03-0863	王兆珍	女	湖北省荆州市荆州区	传统音乐	马山民歌	Ⅱ-81	
23	03-0864	姚启华	男	湖北省丹江口市	传统音乐	吕家河民歌	Ⅱ-83	
24	03-0866	余家冰	女	湖北省老河口市	传统音乐	老河口丝弦	Ⅱ-104	
25	03-0935	吴修富	男	湖北省利川市	传统舞蹈	肉连响	Ⅲ-52	
26	03-1014	朱世慧	男	湖北省京剧院	传统戏剧	京剧	Ⅳ-28	
27	03-1016	胡和颜	女	湖北省武汉市	传统戏剧	汉剧	Ⅳ-30	
28	03-1017	程彩萍	女	湖北省武汉市	传统戏剧	汉剧	Ⅳ-30	
29	03-1019	刘厚云	男	湖北省荆州市	传统戏剧	荆河戏	Ⅳ-35	
30	03-1052	张一平	女	湖北省	传统戏剧	楚剧	Ⅳ-58	
31	03-1053	张巧珍	女	湖北省	传统戏剧	楚剧	Ⅳ-58	
32	03-1057	李家高	男	湖北省阳新县	传统戏剧	采茶戏	Ⅳ-65	
33	03-1070	孟永香	女	湖北省恩施市	传统戏剧	灯戏	Ⅳ-77	
34	03-1074	蒋品三	男	湖北省恩施市	传统戏剧	傩戏（恩施傩戏）	Ⅳ-89	

续表

	序号	姓名	性别	保护单位	类别	项目名称	项目编号	批次
35	03-1177	何祚欢	男	湖北省武汉市	曲艺	湖北评书	Ⅴ-58	三
36	03-1178	张明智	男	湖北省武汉市	曲艺	湖北大鼓	Ⅴ-61	
37	03-1235	张家忠	男	湖北省鄂州市	传统美术	剪纸（鄂州雕花剪纸）	Ⅶ-16	
38	03-1236	胡敬先	男	湖北省仙桃市	传统美术	剪纸（仙桃雕花剪纸）	Ⅶ-16	
39	03-1278	龙从发	男	湖北省武汉市硚口区	传统美术	木雕（武汉木雕船模）	Ⅶ-58	
40	04-1497	李国新	男	湖北省长阳土家族自治县	民间文学	都镇湾故事	Ⅰ-56	四
41	04-1545	邓斌	男	湖北省来凤县	传统舞蹈	龙舞（地龙灯）	Ⅲ-4	
42	04-1626	杨至芳	女	湖北省京剧院	传统戏剧	京剧	Ⅳ-28	
43	04-1633	程良美	男	湖北省武汉市	传统戏剧	汉剧	Ⅳ-30	
44	04-1643	荣明祥	男	湖北省	传统戏剧	楚剧	Ⅳ-58	
45	04-1644	张光明	女	湖北省	传统戏剧			
46	04-1645	孙世安	女	湖北省潜江市	传统戏剧	荆州花鼓戏	Ⅳ-59	
47	04-1665	秦礼刚	男	湖北省云梦县	传统戏剧	皮影戏（云梦皮影戏）	Ⅳ-91	
48	04-1684	潘爱芳	女	湖北省仙桃市	传统戏剧	花鼓戏（荆州花鼓戏）	Ⅳ-112	
49	04-1689	甘伯炼	男	湖北省崇阳县	传统戏剧	提琴戏	Ⅳ-126	
50	04-1720	何忠华	女	湖北省武汉市	曲艺	湖北小曲	Ⅴ-70	
51	04-1761	管丽芳	女	湖北省孝感市孝南区	传统美术	剪纸（孝感雕花剪纸）	Ⅶ-16	
52	04-1809	陈义文	男	湖北省老河口市	传统美术	木版年画（老河口木版年画）	Ⅶ-65	
53	04-1893	邹德香	男	湖北省荆州市	传统技艺	漆器髹饰技艺（楚式漆器髹饰技艺）	Ⅷ-127	
54	04-1924	敖朝宗	男	湖北省荆州市	传统技艺	铅锡刻镂技艺	Ⅷ-194	

续表

	序号	姓名	性别	保护单位	类别	项目名称	项目编号	批次
55	04-1933	万桃元	男	湖北省咸丰县	传统技艺	土家族吊脚楼营造技艺	Ⅷ-211	四
56	04 1944	夏小中	男	湖北省京山县	传统医药	中医传统制剂方法（夏氏丹药制作技艺）	Ⅸ-4	
57	04-1975	关章训	男	湖北省当阳市	民俗	庙会（当阳关陵庙会）	Ⅹ-84	
58	05-2002	叶蔚璋	男	湖北省武汉市黄陂区	民间文学	木兰传说	Ⅰ-50	五
59	05-2004	刘为芬	女	湖北省长阳土家族自治县	民间文学	都镇湾故事	Ⅰ-56	
60	05-2020	吴克从	男	湖北省保康县	民间文学	黑暗传	Ⅰ-115	
61	05-2021	陈切松	男	湖北省神农架林区	民间文学	黑暗传	Ⅰ-115	
62	05-2027	熊远桂	男	湖北省	民间文学	三国传说	Ⅰ-137	
63	05-2049	冷浩然	男	湖北省宣恩县	传统音乐	薅草锣鼓（宣恩薅草锣鼓）	Ⅱ-27	
64	05-2071	王述银	男	湖北省保康县	传统音乐	唢呐艺术（沮水呜音）	Ⅱ-37	
65	05-2072	刘国福	男	湖北省南漳县	传统音乐	唢呐艺术（呜音喇叭）	Ⅱ-37	
66	05-2073	陈德望	男	湖北省远安县	传统音乐	唢呐艺术（远安呜音）	Ⅱ-37	
67	05-2078	李从海	男	湖北省枝江市	传统音乐	枝江民间吹打乐	Ⅱ-48	
68	05-2141	汪道长	男	湖北省鄂州市	传统音乐	锣鼓艺术（鄂州牌子锣）	Ⅱ-123	
69	05-2162	全友发	男	湖北省利川市	传统音乐	利川灯歌	Ⅱ-142	
70	05-2163	周兰仙	女	湖北省天门市	传统音乐	天门民歌	Ⅱ-143	
71	05-2193	刘卫祥	男	湖北省武汉市汉阳区	传统舞蹈	龙舞（高龙）	Ⅲ-4	
72	05-2194	张金盘	男	湖北省潜江市	传统舞蹈	龙舞(潜江草把龙）		
73	05-2223	彭承金	男	湖北省来凤县	传统舞蹈	土家族摆手舞（恩施摆手舞）	Ⅲ-17	

续表

	序号	姓名	性别	保护单位	类别	项目名称	项目编号	批次
74	05-2225	毛方明	男	湖北省五峰土家族自治县	传统舞蹈	土家族撒叶儿嗬	Ⅲ-18	五
75	05-2226	黄在秀	男	湖北省巴东县	传统舞蹈	土家族撒叶儿嗬	Ⅲ-18	
76	05-2258	史清	男	湖北省十堰市郧阳区	传统舞蹈	灯舞(郧阳凤凰灯舞)	Ⅲ-45	
77	05-2325	叶祥成	男	湖北省谷城县	传统戏剧	越调	Ⅳ-27	
78	05-2340	王小蝉	男	湖北省京剧院	传统戏剧	京剧	Ⅳ-28	
79	05-2341	姚长生	男	湖北省武汉市	传统戏剧	汉剧	Ⅳ-30	
80	05-2342	谭复秀	女	湖北省荆州市	传统戏剧	荆河戏	Ⅳ-35	
81	05-2368	彭青莲	女	湖北省	传统戏剧	楚剧	Ⅳ-58	
82	05-2369	钟惠然	男	湖北省	传统戏剧	楚剧	Ⅳ-58	
83	05-2370	李春华	女	湖北省潜江市	传统戏剧	荆州花鼓戏	Ⅳ-59	
84	05-2371	杨俊	女	湖北省黄梅县	传统戏剧	黄梅戏	Ⅳ-60	
85	05-2400	邓玉书	男	湖北省恩施市	传统戏剧	傩戏(恩施傩戏)	Ⅳ-89	
86	05-2442	万保英	女	湖北省随州市	传统戏剧	花鼓戏	Ⅳ-112	
87	05-2443	曾美玲	女	湖北省麻城市	传统戏剧	花鼓戏	Ⅳ-112	
88	05-2444	胡锐诗	女	湖北省襄阳市	传统戏剧	花鼓戏(襄阳花鼓戏)	Ⅳ-112	
89	05-2456	杨道运	男	湖北省咸丰县	传统戏剧	南剧	Ⅳ-125	
90	05-2509	付群刚	男	湖北省武汉市	曲艺	湖北大鼓	Ⅴ-61	
91	05-2551	张业金	男	湖北省武穴市	传统体育、游艺与杂技	岳家拳	Ⅵ-35	
92	05-2571	夏菊花	女	湖北省武汉市	传统体育、游艺与杂技	武汉杂技	Ⅵ-81	

续表

	序号	姓名	性别	保护单位	类别	项目名称	项目编号	批次
93	05-2667	熊应华	男	湖北省通山县	传统美术	木雕（通山木雕）	Ⅶ-58	五
94	05-2682	邓友谱	男	湖北省仙桃市	传统美术	麦秆剪贴	Ⅶ-69	
95	05-2685	黄圣辉	女	湖北省武汉市江汉区	传统美术	汉绣	Ⅶ-75	
96	05-2689	刘寿仙	女	湖北省红安县	传统美术	民间绣活（红安绣活）	Ⅶ-77	
97	05-2690	蔡月娥	女	湖北省阳新县	传统美术	民间绣活（阳新布贴）	Ⅶ-77	
98	05-2699	罗照英	男	湖北省天门市	传统美术	糖塑（天门糖塑）	Ⅶ-88	
99	05-2847	杨胜伟	男	湖北省恩施市	传统技艺	绿茶制作技艺（恩施玉露制作技艺）	Ⅷ-148	
100	05-2922	镇水清	男	湖北省咸宁市咸安区	传统医药	中医诊疗法（镇氏风湿病马钱子疗法）	Ⅸ-2	
101	05-2970	谭国政	男	湖北省秭归县	民俗	端午节（屈原故里端午习俗）	Ⅹ-3	
102	05-2971	刘桂生	男	湖北省鄂州市	民俗	端午节（泽林旱龙舟）	Ⅹ-3	

后　记

时光的步履特别神奇，它闪耀着神圣的光辉四处游走，日夜不止，无声无息，永不疲惫。回望匆匆忙忙的传承人口述志探索之路，十余年的田野调查竟然被时光涂上朦胧的色彩，记忆模糊，恍如秋日清晨的鸟鸣，有一种觅食过冬的焦虑与失落感。

中国保护非遗的号角从韩国“端午祭”申遗之后，吹得格外嘹亮。作为研究者，2007 年开始，我们与非遗传承人联系，了解他们的生活，关注他们的传承实践。2009 年带着刘慧、苏长鸿、周倩、朱贤锋、谭柳王魁等几名长江大学学生向传承人学习，还举行过简单的拜师仪式。两年间，与传承人的交往十分密切，传承人将调查自己的大学生视为亲人，同学们热情高涨，完成了四五篇比较成熟的传承人调查报告。这个过程中，我们发现国家非遗名录制度影响下的传承人正在发生变化，积极参与度和自我认知意识都有显著提升。

2015 年，华中师范大学推动非遗传承的教育实践有较大进展，一个大胆的想法也萌生出来，让大学生与传承人更广泛地开展合作，从调查、记录到学习、传播，从口述史到专题研究，从社会实践到熟悉国情，激发大学生群体参与国家非遗传承人保护的工作，同时，我们也联系非遗传承人，希望他们能够接纳和指导大学生的社会实践。在华中师范大学非遗传承协会的具体组织下，由非遗研究中心指导的名为“国家非遗千人合作计划”的项目得到华中师范大学团委肯定，列为年度社会实践的重点项目。该项目作为学校、传承人、大学生三方共同合作的社会实践项目，计划在 2015—2025 年的 10 年时间内，利用时段较长的暑期社会实践，招募 1000 名大学生志愿者，对 1000 名非遗传承人作口述史调查，对传承人的生平、从艺、风格、年谱、传承等五方面进行口述、文字、音像的田野记录，依靠华中师范大学非物质文化遗产研究中心和中国民间文学学科博士点的力量，培养非遗传承人调查的优秀人才，建立非遗传承人数据库，建成国家级非遗教育传承基地。2016 年，该计划拓展到寒假社会实践，以“寻访家乡传承人”为主题，延伸“国家非遗千人合作计划”。2020 年疫情发生之后，大规模的学生团队社会实践调整为以个体为主、以家乡非遗传承人为对象的实践模式，虽然实践过程变得困难，但参与调研人数更多，影响面也扩大了。截至2022年，“国家非遗千人合作计划”已成功开展七期，累计完成传承人调研报告300多万字，采集了极为珍贵的第一手文字、图片和视频数据。这些调研报告总体上达到了采集传承人数据、让大学生熟悉非遗保护工作的目的。

2020年底，湖北教育出版社学术文化编辑部刘宁编辑约笔者做些非遗选题，开展新的研究，以申报湖北省学术出版专项资金和国家出版基金项目。这个邀约突然让笔者从非遗传承人的口述志中发现了时光的魅影，对了，就是这个方向，可以总结和展示十余年的学术探索，可以提炼优秀的传承人调研报告，可以升华非遗传承人理论，可以在新时代寻找到大学生与传承人的互动路径，使非遗传统在“大学生+传承人”的密切协作中深度切入现实生活，以非遗文创和资源开发的方式，实现中华文化复兴的非遗传承人当代实践！为此，我们重新回到大学生所完成的田野调查报告，重新以“激活认同”为价值定位的主题线索来选择优秀报告，按民间文学类个体传承人、传统美术类个体传承人和非遗群体传承人三个专题，对5位个体传承人和2个传承人群体做了比较细致的梳理，坚持忠实于口述记录的原始材料，坚持还原传承人的生活史、生命史和心灵史原则，坚持运用口述史方法来展现传承人的立体人生，以“志”的追求来思考当代非遗传承人的丰富面貌。尊重大学生和传承人的知识创造，突出传承人的生命史记忆和大学生的调研附记等两个口述志特色，每个调研报告都注明了调研小组的学生姓名、传承人的基本信息，同时也按我们编者的逻辑给予了局部微调。为了将传承人口述史与理论思考结合起来，补充了“绪论”与“结语”，算作是我们在口述志研究中的理论主张和对传承人的初步认识。胡玉青博士生撰写了传承人评述、口述志价值、全书注释、体例、项目报告以及相关研究成果 10 万余字，特此说明。当然，这一探索尚存在较多问题，我们将在后面的努力中不断改进，力求不负非遗传承人的信任与厚望。

时间总是催促我们放下自己的想法，而去遵循自然人文规律。传承人口述志有太多文化史的演化路径，有太复杂的社会文化因素，我们尝试在口述史方法之上探索的“志人”理想，目的是发现传承人的坚守与卓越，发现传承人身上所展现的品格与使命，发现传承人薪火相传的力量与方法，发现传承人进入现代生活所面临的困境与疑虑，发现传承人执着于新时代所唤醒的文化自信与文化情感，进而在国家非遗保护制度的推动下，为中华优秀传统文化的可持续发展与伟大创造力而奉献传承人的智慧！

非遗传承人必将与五千年延续下来的中华优秀传统文化一起，繁衍不息，成为中华民族共同体的认同符号，成为人类命运共同体的中华声音！